예수
재정

KB191939

예수 재정

발행일	2019년 6월 24일		
지은이	임동훈		
펴낸이	손형국		
펴낸곳	(주)북랩		
편집인	선일영	편집	오경진, 강대건, 최예은, 최승헌, 김경무
디자인	이현수, 김민하, 한수희, 김윤주, 허지혜	제작	박기성, 황동현, 구성우, 장홍석
마케팅	김회란, 박진관, 조하라		
출판등록	2004. 12. 1(제2012-000051호)		
주소	서울시 금천구 가산디지털 1로 168, 우림라이온스밸리 B동 B113, 114호		
홈페이지	www.book.co.kr		
전화번호	(02)2026-5777	팩스	(02)2026-5747
ISBN	979-11-6299-760-4 03230 (종이책)		979-11-6299-761-1 05230 (전자책)

이 도서의 국립중앙도서관 출판예정도서목록(CIP)은 서지정보유통지원시스템 홈페이지(http://seoji.nl.go.kr)와
국가자료공동목록시스템(http://www.nl.go.kr/kolisnet)에서 이용하실 수 있습니다.
(CIP제어번호: CIP2019023810)

나와 돈, 교회와 재정
마침내 그 함수 관계가
모두 풀리다!

예수
재정

임동훈 지음

북랩 book Lab

장동유제벽(將東遊題壁)

남아입지 출향관(男兒立志 出鄕關)
학약불성 사불환(學若不成 死不還)
인생기기 분묘지(人生豈期 墳墓地)
인간도처 유청산(人間到處 有靑山)

동쪽으로 떠나며 벽에 쓰다

사나이가 뜻을 품고 고향 산천을 떠났으니
학문을 이루지 못하면 죽어도 돌아가지 않으리.
인생이 어찌 고향에서 조상의 묘만 지키겠는가.
사람이 이르는 곳마다 푸른 산이 있지 아니한가.

_ 석월성(釋月性, 1817~1856)

들어가기

먼저 여러분에게 착한 재정에 대한 기쁜 소식을 전하고 싶다. 다름 아닌 그리스도 예수 안에서 부자로 살아가는 길이다. 이미 부자면 더욱 좋고, 가난해도 아무 상관이 없다. 모든 것이 자기 마음먹기에 달렸기 때문이다. 지금 있는 그대로 그냥 즐겁게 사는 것이다. 사실 스스로 청빈하게 살면서 자족하는 사람만큼 더 큰 부자는 없다.

13세기 아시시의 성 프란체스코도, 2000년 소천하신 영락교회의 한경직 목사님도, 2010년 타계하신 무소유의 법정 스님도, 스스로 가난하게 살면서 지상 최고의 부유함을 누렸다. 아울러 신라의 화랑정신은 삼국통일에 큰 기여를 하였고, 조선의 선비정신은 사대부의 청빈한 생활을 유도하였다. 사실 종교를 떠나서, 영적 지도자가 세속적 부자로 사는 것보다 더 큰 부끄러움은 없다. 그러나 그 사실을 알고도 실천하는 사람이 없다.

그리스도 예수 안에 있는 부자는 지상의 재물이 많고 적음에 따라 주어지는 것이 아니다. 하늘의 보화를 발견하고 얼마나 풍성히 누리는가에 달려 있다. 사실 하늘의 보화를 발견한 사람은 자신의 모든 소유를 팔아 그 보물을 산다. 그리고 크게 기뻐하며 즐거워한다.

네게 한 가지 부족한 것이 있다. 가서 네 재산을 다 팔아 가난한 사람들에게 나눠주어라. 그러면 네가 하늘에서 보화를 얻게 될 것이다. 그리고 와서 나를 따르라.

- 마가복음 10:21

그러나 오늘날 사람들은 사탄이 처놓은 탐욕의 그물에 여지없이 걸려들어 고통의 나락으로 떨어지고 말았다. 이는 모압 왕 발락의 뇌물 공세에 넘어간 거짓 예언자 발람의 계략이 써먹힌 것과 같다. 이스라엘 백성에게 탐심을 불어넣어 맘몬의 우상을 숭배하도록 만들고, 미인계를 이용하여 음란죄를 퍼뜨렸던 것이다.

오늘날 교회가 세상의 지탄을 받고 있는 것도, 알고 보면 다 그 탐욕과 미인계의 전략 때문이다. 언더우드와 아펜젤러 선교사가 한국에 복음을 들고 들어온 지 어느덧 130년이 훌쩍 지났다. 그동안 우리 조상들은 오병이어와 같은 기적으로 교회의 부흥을 일구었다. 그런데 지금은 저잣거리의 조롱거리가 되고 있다.

우선 사분오열된 한국 교회를 보라! 6만 개의 교회와 단체에 13만 명 이상의 목회자가 있고, 매년 1만 명의 목사가 배출된다고 하지만, 그들 가운데 대다수가 무슨 대표니 총재니 하면서 지도자로 군림하고 있다. 전 세계 기독교 종파보다 많은 400개에 가까운 교단의 총회장과 노회장이며, 그에 따른 각 신학교의 총장과 학장들은 어떤가? 참으로 대단한 헤게모니(Hegemony)가 아닌가?

그러다 보니 금권선거가 판을 치고, 흑색선전이 난무하며, 법정소송이 끊이질 않고 있다. 모두가 하나같이 탐욕에 물든 정치꾼들이다. 이들을 어찌 교회의 참 지도자라고 할 수 있겠는가? 안타까운 얘기지만 그들에게 이 한마디만 꼭 물어보고 싶다.

"기독교를 개독교라 부르고, 목사를 먹사라고 조롱하는 소리가 들리지 않는가?"

교회는 보편성과 공공성을 상실한 지 이미 오래되었고, 무슨 다단계 회사의 영업사원처럼 직원들을 고용하여, 온갖 인센티브를 제공하며 이웃 교회의 교인 빼 가기도 서슴지 않고 있다. 각개전투식의 교회가 살아남기 위한 발버둥일지 모르지만, 서글픔을 넘어 참담함을 느낀다. 게다가 한국 교회 재정의 80% 이상을 몇 개의 대형 교회가 차지하고 온갖 부끄러운 짓을 일삼고 있다. 작지만 뜻있는 교회의 비애를 어찌 말로 다 표현할 수 있겠는가?

막대한 비자금을 조성한 대형 교회 목회자가 그 자식에게 부와 권세를 세습하면서 십자가를 물려준다고 아등대며, 원로 목사라는 해괴망측한 신종 직분을 만들어 상왕 노릇을 하고 있다. 교회의 직분을 계급화하고 서열화하여 매관매직도 서슴지 않으며, 무지한 교인들에게 자리다툼까지 일상화시켜, 이제는 어느 누구도 그것을 이상히 여기지 않는 희한한 세대가 되었다.

나눔과 베풂, 희생과 봉사라는 그리스도 예수의 십자가 정신은 박물관에 처박아 버린 지가 이미 오래되었고, 배금주의 사상에 찌든 사람들의 입맛에 맞춰 탐욕을 부추기며, 부자가 되지 못한 것이 적게 심은 탓이라며 뇌물을 강요하고, 기복신앙에 잘 길들여진 교인들을 헌금의 도구로 삼아 가난한 신자들을 실의에 빠뜨리며, 얄팍한 교권주의에 사로잡혀 허구한 날 이전투구하는 모습을 적나라하게 보여줌으로써, 그나마 얼마 남지 않은 마지막 성도들의 눈살을 한껏 찌푸리게 하고 있다.

사실 발람은 그 이름 그대로 '백성을 파멸시키는 거짓 예언자'였다. 유프라테스 강변에 위치한 메소포타미아 출신의 주술사로서, 여호와 하나님에 대한 경외심은 가지고 있었지만, 뇌물에 눈이 멀어 이스라엘 백성을 심각한 범죄에 빠뜨린 이중인격자였다. 돌이켜보면 너무나 부끄러운 일이지만, 오늘날 대부분의 교회 지도자가 발람의 전철을 그대로 밟고 있다.

그가 모압 왕 발락의 끈질긴 물질 공세에 넘어가, 결국은 이스라엘 백성에게 우상숭배와 음란죄를 퍼뜨려 큰 곤욕을 치르게 하지 않았던가? 그와 같이 한국 교회의 지도자들도 맘몬의 사주를 받은 탐욕을 신자들에게 부추기고 있는바, 모든 교인이 황금만능주의에 붉게 물들고 말았다. 그래서 예수님이 말씀하셨다.

> 율법학자들과 바리새파 사람들아, 너희 위선자들에게 화가 있을 것이다. 너희는 하늘나라 문을 가로막고 서서, 너희도 들어가지 않고 들어가려는 사람도 못 들어가게 한다.
>
> - 마태복음 23:13

오늘날 예수 재정에 대한 관심이 한껏 높아짐과 아울러, 온갖 프로그램이 우후죽순처럼 생겨나 난무하게 되었다. 그에 따른 서적도 숱하게 나왔다. 무슨 심포지엄(Symposium)이니 포럼(Forum), 세미나(Seminar)니 스쿨(School)이니 하면서, 다양한 강의와 토론회가 거창한 슬로

건을 내걸고 개최되고 있다. 하지만 그것도 자세히 들여다보면, 탐욕에 물든 사람들의 입맛에 맞춰 한층 업그레이드된 맘몬의 전략으로 다가오고 있다.

사실 대부분의 재정 교육 프로그램이 기복신앙에 발맞춘 번영신학에 물들어 있다. 사람의 구미에 맞춰 적절히 타협함으로써 결국은 탐욕을 부추기고 있다. 우리가 알다시피 세상은 99%가 돈으로 돌아가고, 사람들은 그 돈으로 살아갈 수밖에 없다. 하지만 하나님의 나라는 99%가 돈과 상당한 거리를 두고 있다. 이 괴리를 무슨 방법으로 조화롭게 메우겠는가? 사람으로서는 불가능하다. 하지만 하나님께서는 그 함수 관계를 능히 푸시고도 남는다.

우리는 성경을 통해서 세상의 지혜를 다 배우고 실천할 수 있을 것 같지만, 성경만큼 위험한 책도 없다는 사실을 알아야 한다. 거짓 선생이 그 말씀을 왜곡하거나 잘못 가르치면 더욱 큰 해악으로 다가오기 때문이다. 그 당시의 문화와 배경을 제대로 파악하지 못한 채 자기 입맛에 맞춰 천편일률적으로 말씀을 적용하거나, 여기저기 흩어진 말씀의 조각들을 모아 자기 좋을 대로 짜깁기하는 따위의 일은 정말 위험하다. 특히 재정에 관해서는 사탄과 맘몬이 쾌재를 부르며 박수치고 좋아할 일이다.

그러므로 주님의 말씀은 있는 그대로 순수하게 배우고 가르쳐야 하며, 잘 모르면 모르는 대로 솔직하게 인정하고 넘어가야 한다. 3,500년 전에 수집된 솔로몬의 잠언을 마치 세상만사의 지혜로 받아들이거나, 인류대사의 영원히 변치 않는 처세술로 여겨서는 정말 곤란하다. 성경적 재정에 대한 말씀을 제대로 배우고 가르치려면, 우선 예수님의 교훈 가운데 한 구절이라도 온전히 깨닫고 지키는 편이 훨씬 더 나을 것이다.

성경에는 3만 개 이상의 구절이 있고, 80만 개에 가까운 단어가 있다. 서로 짝을 이루며 이리저리 얽히고설켜 보완하고 있다. 아무리 말씀을 많이 읽고 연구한 사람도 그 내용을 다 이해할 수는 없다. 자기만이 만고불변의 진리를 다 알고 있는 양 거들먹거리면 정말 큰 오류에 빠질 수 있다.

그러므로 무엇보다도 중요한 사실은, 같은 말씀이라도 그 때, 그 사정과 형편에 따라 하나님께서 선히 여기시고 기뻐하시는 뜻이 다를 수 있다는 점이다. 하나님께서 선히 여기시는 경우의 수는 사람이 이해할 수 없는 범위에 있다는 말이다. 이를 모르고 배우거나 쉽게 가르치면, 점점 더 큰 오만과 오류에 빠져들 수 있다. 배우면 배울수록, 가르치면 가르칠수록 한층 더 깊은 수렁으로 들어가게 되는바, 차라리 모르는 게 약일 수도 있다.

『예수 재정』은 보다 낮은 자세를 견지하며, 그리스도 예수 안에서 선한 재정에 대한 법칙을 제시하려고 노력하였다. 하지만 여기서 말하는 생활 수칙이나 재정 운용의 원칙 등은 무슨 틀에 박힌 공식이나 철칙이 아니다. 만고불변의 진리가 아니라는 것이다. 주님의 말씀과 성경의 교훈에 따라 그 방향만 제시하였을 뿐이다. 이를 근거로 각자의 사정과 형편에 맞는 성령님의 도움을 받아야 한다. 그때 비로소 자신만의 재정 법칙이 드러나게 될 것이다.

구약의 교훈은 가급적 주어진 말씀을 그대로 전하였고, 신약의 교훈도 가능한 한 해설을 지양하고 예수님의 가르침을 그대로 전하였다. 여러분에게 특별히 임하실 독보적 성령님의 은총을 위해 기도드린다.

2019년 6월
예수나라 청지기

일러두기

1. 돈의 이중성

　예나 지금이나 사람들은 돼지를 그리 좋아하지 않는다. 성경에도 부정한 동물로 나온다. 그런데 그 이미지는 나쁘지 않다. 돼지저금통같이 선한 재물과 결부되어 있을 뿐만 아니라, 꿈에만 나타나도 돈(豚)이 아니라 돈(金)이 굴러들어 온다고 좋아하며, 마치 행운의 여신이 찾아온 양 어디에다 투자도 하고 복권을 사기도 한다.

　자본주의 사회에서 돈을 싫어할 사람은 아무도 없다. 삼겹살이나 보쌈 같은 돼지고기도 많은 사람이 좋아한다. 특히 서민들이 즐겨 찾는다. 하지만 그 돼지고기도 음식이 되었을 때 좋은 것이지, 살아서 꿀꿀거릴 때는 정말 몸서리가 쳐진다. 마찬가지로 돈도 물건을 사고 지급하는 수단으로 사용될 때 좋은 것이지, 인격화되어 맘몬의 우상으로 다가오면 정말 징글징글하다.

　사실 돈은 겉보기에 깨끗하고 선한 이미지도 있지만, 속에는 더럽고 악한 이미지도 있다. 예술가의 손에 들린 칼은 아름다운 조각품의 도구로 사용되지만, 자객의 손에 들린 칼은 살인의 도구로 이용된다. 이와 같이 돈도 선한 사람의 손에 들어가면 선한 열매를 맺고, 악한 자의 손에 들어가면 악한 열매를 맺는다.

2. 복지 국가

우리 대한민국은 참으로 살기 좋은 복지 국가이다. 특히 기초수급자 제도는 낙원으로 들어가는 길목이다. 가난한 사람들의 생계비와 병원비까지 모두 정부에서 책임진다. 10년 전만 해도 상상조차 할 수 없는 일이다. 우리 중의 한 형제는 독신으로 살지만 국가에서 제공한 영구 임대아파트에 거주하며, 2019년 현재 매월 51만 원의 생활비를 받는다.

또 우리 옆집 할아버지는 주택 임대료도 국가에서 지원받고, 매일 요양 보호사가 찾아와 시중하며 빨래와 집 안 청소도 해준다. 면사무소에서 일주일에 두 번씩 방문하여 쌀과 반찬도 가져다준다. 가끔씩 몸이 불편할 때는 병원에 입원도 시켜드리지만, 본인이 부담하는 병원비나 약값은 한 푼도 없다.

그러나 여전히 복지 사각지대에 놓인 사람도 없잖아 있다. 우리 중의 한 장애인은 40년 동안 빚더미에 짓눌려 허우적거리며 살고 있다. 아무리 애를 써도 갚을 길은 없고, 빚은 자꾸만 늘어만 간다. 신용회복지원을 받아 8년 동안 빚을 나눠서 갚기도 하였지만, 워낙 불운하고 수입도 적어 늘 돌려막기에 급급하다.

오늘날 세상은 돈만큼 편리하고 좋은 것이 없다. 어느 때는 생사람을 죽이기도 하지만, 어느 때는 죽어가는 사람을 살리기도 한다. 혹시 돈이 필요 없다고 생각하는 사람이 있다면, 그는 정신 줄을 놓았거나 죽은 시신일 것이다. 사실 죽은 사람에게는 돈이 필요 없다. 살아 있는 사람에게 필요하다. 단 하루도 돈 없이 살아갈 수 없다.

3. 사람과 돈

『예수 재정』은 돈에 대한 우리의 인식과 그 태도에 대하여 살펴보고, 성경적 관점에서 어떻게 돈을 벌고 써야 하는지에 대해 정리하였다. 결론적으로 돈은 우리 앞에 놓인 돌과 같으며, 디딤돌 아니면 걸림돌이라는 것이다. 걸림돌은 위험하고 디딤돌은 유익하다. 이제 우리는 걸림돌을 디딤돌로 바꿔야 한다. 이것이 재정에 대한 성경적 지혜요, 성령의 은사이다.

따라서 우선 돈이 무엇이며, 어떠한 기능과 특성을 가지고 있는지 살펴보았다. 돈은 하나님께서 창조하신 물건이 아니다. 사람이 만든 문명의 이기(利器)로서 생활의 편의를 위해 생겨났다. 그런데 사람들은 그 돈의 노예가 되어 안절부절못하며 살아간다. 사람이 주인으로서 돈을 지배하고 다스려야 한다. 이것이 사람과 돈의 관계에서 가장 중요한 일이다.

하나님께서 지으신 피조물처럼 돈도 처음에는 선한 도구로 생겨났다. 그런데 사람들이 치부와 착취의 수단으로 이용하여 무소불위의 괴물이 되었다. 사람이 돈을 타락시켜 맘몬의 우상으로 만든 것이다. 이제는 주님의 교회까지 맘몬의 지배하에 놓이고 말았다. 교회를 세습하는 이유도 알고 보면 다 그 맘몬의 농락 때문이다. 맘몬이 하나님의 자리를 대신 차지하여 섬김을 받으려고 하는 것이다.

4. 하나님의 주권

　더러는 그리스도인이 부자로 살아도 되는지에 대하여 여전히 의심을 품고 있다. 또 누구나 부자가 되어야 하며, 부자로 살지 못하는 것이 하나님을 잘못 믿기 때문이라고 주장하는 사람도 있다. 이른바 전자는 금욕주의 곧 수도원주의요, 후자는 배금주의 곧 번영신학이다.

　어떤 사람은 의로운 부자가 되어 가난한 목사와 선교사를 도와주어야 하며, 그것이 하늘은행에 저축하는 것인바, 30배 60배 100배의 이자까지 쳐주는 최고의 투자라고 생각한다. 섬김과 나눔의 교훈을 전하며 씨 뿌리는 자의 비유를 들어 설명할 수는 있겠지만, 그것을 무슨 법칙인 양 곧이곧대로 믿고 실족하는 사람들이 있다.

　아브라함이나 욥과 같은 큰 부자가 되어 가난한 사람들을 도와줄 수도 있고, 하늘은행에 보물을 차곡차곡 쌓는다는 말에 귀가 솔깃하지 않을 사람이 세상에 어디 있겠는가? 자본주의 사회에서 부자로 떵떵거리며 살고, 신앙생활도 남달리 잘할 수 있다니 얼마나 좋겠는가?

　하지만 그것은 정말 허황된 생각이다. 하나님께서 선히 여기시면 무엇이나 다 주실 수도 있지만, 그와 반대로 가진 것까지 다 빼앗아 가실 수도 있다. 이것이 하나님의 절대적 주권이다. 실로 하나님께서는 이기적이고 타락한 자들의 생각을 그대로 받아주시는 분이 아니라, 만물의 주인으로서 만사를 공의로 판단하시고 주관하신다. 물론 하나님께 어여삐 보일 필요는 있을 것이다. 하지만 그것이 물질 축복으로 이어진다고 생각하면 큰 오산이다. 기복주의 생각에서 비롯된 발상이다.

5. 의로운 부자

오늘날 하나님과 돈을 겸하여 섬길 수 있다는 맘몬의 프로젝트가 교회에서 판을 치고 있다. 이런 논리에 세뇌된 사람들이 탐욕의 늪에 빠져 허우적거리는 모습을 많이 본다. 지긋지긋한 빚을 청산하고 새로운 인생길을 제시함에 있어서, 재정 교육상 조금 과장된 비유나 간증을 통해 용기를 북돋아줄 필요는 있다고 본다. 하지만 한층 더 깊고 위험한 수렁으로 빠져들게 할 우려도 있다.

사실 배금주의가 판치는 세상에서 의로운 부자와 불의한 부자가 어디 따로 있겠는가? 혹시 있다고 해도 얼마나 되겠으며, 그 기준은 어디에 두겠는가? 인자시대의 아리마대 요셉과 니고데모는 인품도 고상하고 권세도 가진 부자였다. 이들은 예수님이 돌아가시고 제자들이 도망을 갔을 때, 의연히 나타나 예수님을 장례를 치러드렸다. 주님의 제자로서 그들과 같이 떳떳하고 당당하게 살아갈 수만 있다면 오죽이나 좋겠는가?

하지만 현실은, 영생을 얻기 위해 예수님을 찾아온 부자 청년과 같은 사람들이 대부분이다. 사실 그런 사람만이 세상에서 부귀영화를 누리며 호의호식하고 살아갈 수 있다. 만일 그가 주님의 말씀에 따라 자기 재산을 다 팔아 가난한 사람들에게 나눠줬다면, 그는 흔히 생각하는 그런 부자는 더 이상 아니었을 것이다.

혹시 나발[1]같이 이기적 부자로 살아가는 사람이 있다면, 분명히 말

---

[1] 나발은 큰 목장을 가진 부자로서 평소 다윗의 도움을 받았으나, 양털 깎는 날을 맞아 큰 잔치를 배설하여 먹고 마시면서도, 정중하게 먹거리의 도움을 요청한 다윗을 일언지하에 거절하고 멸시하였던 바, 하나님의 심판을 받아 열흘 만에 몸이 돌처럼 굳어 죽은 사람이다.

하지만 그는 주님의 가르침을 제대로 받은 사람이 아니다. 그럼에도 여전히 부자로 살아가는 주님의 제자가 있다면, 그는 정말 하나님께서 특별히 불러 세우신 사명자임에 틀림이 없을 것이다. 아니면 돈이 필요 없는 유토피아 세상에서 살고 있거나, 자본주의 세상을 완전히 벗어나 파라다이스에 사는 사람일 것이다.

부자가 주님의 제자로서 떳떳하게 살아가기란 정말 쉽지 않다. 이런 딜레마를 이용하여 약삭빠른 사람들이 성경적 재정 교육이라는 명분으로 판을 벌여 짭짤한 돈벌이에 나서고 있다. 그들의 가르침을 정말 조심해야 한다. 그들은 양을 탈을 쓰고 다가오지만 속은 굶주린 이리들이다.

여기서 우리는, 성경이 세상만사의 지혜와 모략을 다 기록한 책이 아니며, 여기저기 흩어진 말씀의 조각들을 너덜너덜하게 덧붙여 만고불변의 진리인 양 가르치면 안 된다는 사실을 분명히 알아야 한다. 성경도 세상살이 가운데서 인간 저자가 기록한 글인바, 여러 시대를 거치며 문화의 옷은 갈아입기 마련이다. 그때 그 사정을 제대로 알고 가르쳐야 한다는 말이다.

6. 성경과 문화

성경시대의 노예제도나 가부장적 관습, 특히 민간인 학살과 전리품 갈취, 탈리온(Talion)법,[2] 안식일 준수, 십일조와 세금, 제사와 제물, 예물

---

[2] 성경시대의 바빌로니아, 로마, 팔레스타인 등에서 가중보복을 방지하기 위해 동일상해를 가하는 법이 있었으나, 점차 금전이나 다른 등가물로 배상하게 되었다.

과 헌물 등은 당시의 문화와 특수한 상황 속에서 주어진 한시적 규정이었다. 사실 신라시대나 고려시대의 관습을 오늘날 대한민국에 적용하여 가르치고 지켜야 한다고 주장하는 사람은 없다.

기독교는 신약을 중심으로 예수 그리스도의 속죄와 구원을 선포하고 있다. 구약시대의 말씀도 구속사적 관점에서 살펴보아야 한다. 성경에 나오는 3만 명 가까운 인물이 모두 하나님의 말씀을 받은 예언자도 아니며, 3만 개 이상의 구절이 다 불변의 진리도 아니라는 것이다.

하나님께서 선히 여기시고 기뻐하시는 경우의 수는, 정말 무궁무진하여 사람의 이성으로는 도저히 측량할 수가 없다. 하나님을 조금이라도 아는 사람은 이 사실을 결코 부인하지 않는다. 사람이 보기에 의롭지 못한 일처럼 보이는 것도, 하나님께서는 얼마든지 선하게 하실 수 있으며, 무슨 일이나 선히 여기시면 선하게 되는바, 하나님께서는 불가능이 없다.

예수님이 부자가 천국에 들어가기란 심히 어렵다고 하셨으니 그런 줄로 알아야 하며, 하나님만 하실 수 있고 사람은 할 수 없다고 하셨으니 그 또한 그런 줄로 믿어야 한다. 그러므로 우리는 이 세상의 물질보다 하늘나라의 보화를 먼저 구해야 한다.

모든 성경이 하나님의 감동으로 기록되었다고 해서, 80만에 가까운 단어를 모두 문자대로 해석하고 맹신하는 사람은 정말 어리석다. 인간적인 관점으로 보아도 너무 위험하다. 감당하기 어려운 큰 오류에 빠질 수 있다.

그러므로 우리는 먼저 절대적 권위의 하나님을 무한정 신뢰하고, 예수 그리스도에 의한 구원의 은혜를 감사하며, 항상 성령님의 인도를 받아야 한다. 그래야 모든 말씀의 의미를 제대로 깨닫고 올바로 적용할 수 있다.

7. 주권적 은혜

단순히 그리스도인으로서 부유하게 사느냐, 가난하게 사느냐의 차이로 신앙의 잣대를 삼아서는 안 된다. 부유하거나 가난한 것도 다 하나님의 주권적 은혜이며, 구원의 은총도 하나님의 선하신 뜻에 의해 누구에게나 공평하게 주어진다. 사실 부자는 부자대로, 빈자는 빈자대로 각자 받은 사명이 있다. 다만 많이 받은 자에게 많이 요구하시고, 많이 맡은 자에게 많이 내놓으라고 하신다는 주님의 말씀만은 명심해야 한다.

> 가난한 자를 억압하는 것은 그를 지으신 분을 모욕하는 것이요, 궁핍한 자에게 은혜를 베푸는 것은 그를 지으신 분을 공경하는 것이다.
>
> - 잠언 14:31

그러므로 3,500년 전에 기록된 모세의 율법서와, 3,000년 전에 수집된 솔로몬의 잠언이나 시편 등을 인용하여 영원불변한 진리를 창출하려고 해서는 안 된다. 거기서 찾아낸 몇 구절과 문장을 인간적 잣대로 적용하여 배우고 가르치면 너무 위험하다는 것이다.

예컨대 부자가 하나님의 복을 받은 결과라거나, 가난한 사람이 하나님의 벌을 받은 탓이라거나, 불운이나 불행이 그가 지은 죄 때문이라고 비약하지 말라는 것이다. 하나님의 주권적 은혜와 심판을 사람의 기복적 잣대로 꿰맞추면 정말 큰코다칠 수 있다. 사실 기복주의는 기독교 신앙의 최대 걸림돌로서 미신 중의 상미신이다.

다시 말하지만 부귀영화나 공명, 권세나 인기, 명예나 존귀 등도 다 주님의 은혜 가운데 하나이며, 가난하게 살거나 부유하게 사는 것도, 그 인생을 통째로 들여다보면 다 하나님의 주권적 은혜 안에 있다는 것이다. 그에 따른 각자의 사명이 있는바, 나름대로 하나님의 나라와 그 의를 드러내면 된다.

8. 번아웃 증후군

'번아웃 증후군(Burnout Syndrome)'은 어떤 일에 몰두하던 사람이 갑자기 의욕이 떨어지면서 무기력해지는 증상을 말한다. '연소 증후군' 또는 '탈진 증후군'으로 불린다. 또 '파랑새 증후군'이라는 말도 있다. 파랑새 동화극 속의 주인공처럼 미래의 행복만을 추구하며 현재의 일에 흥미를 느끼지 못하는 증상이다. 이는 돈만 의지하며 살아가는 사람들에게 종종 나타나는 공통적 증세로서 우울증을 동반하게 된다.

마치 에너지가 방전된 로봇이 그 기능을 갑자기 멈추듯, 그런 사람들에게는 돈이 인생의 전부이며, 그 삶을 지탱시켜 주는 원동력이 된다. 사실 돈은, 사람에 따라 그 정도는 조금씩 다르지만, 그 인생을 좌지우지할 정도로 큰 영향력을 미친다.

고려시대의 최영(崔瑩, 1316~1388) 장군이 '황금 보기를 돌같이 하라!'는 그 부친의 유훈을 평생 가슴에 새기며 살았다고 한다. 우리도 주님의 재정관이 무엇이며, 어떻게 가르치고 있는지를 잘 배워서 그 교훈을 신조로 삼아야 한다. 사실 지금처럼 물질만능주의 시대를 살아가는 사람들에게 이보다 더 크고 중요한 가르침은 없다.

9. 작은 예수

모든 교회와 단체는 정관이나 운영규정, 회칙 등에 의해 조직을 구성하고, 사무를 분장하고, 일꾼을 배치하고, 사업계획을 수립하고, 예산을 편성하고, 투명하게 집행하고, 그 규정에 따라 운영해야 한다. 이러한 과정에서 재정 확보와 예산결산, 보고와 감사 등은 필수불가결 요소이다. 여기서 법과 원칙이 무너지면 자중지란이 일어나게 된다.

오늘날 교회에서 가장 시급한 과제는 보편성과 공공성을 회복하는 것이다. 자본주의 논리로 침투한 맘몬의 앞잡이, 즉 탐욕을 추방하는 일이다. 그러자면 우선 자기를 부정하고 작은 예수로 살기를 배워야 한다. 그리스도 예수의 착한 재정에 대한 법칙을 배우고 그 원칙을 지켜나가야 한다는 말이다. 그래야 맘몬의 경영논리에 빠져 기복적 신앙으로 전락한 한국 교회의 위상을 어느 정도 회복할 수 있을 것이다.

우리가 신봉(信奉)하는 종교는 예수교(기독교, 그리스도교)요, 우리는 그리스도를 유일한 구원자로 믿고 받아들인다. 예수의 가르침을 배우고 실천하며, 그리스도의 영성을 따라가며, 주님의 사역을 계승하고 발전시켜 나가야 한다. 그러자면 우선 재물관이 분명해야 하고, 주님의 가르침에 따라 모든 물질을 깨끗이 사용해야 한다. 모든 물질의 소유권은 하나님께 있으며, 우리는 한 시대의 필요에 따라 잠시 그 관리를 맡은 청지기라는 사실을 알아야 한다.

누구나 열심히 일하고 돈을 벌어 쓸 수는 있지만, 자신을 위해서는 알뜰하게, 이웃을 위해서는 넉넉하게, 주님을 위해서는 아낌없이 써야 한다. 하나님과 맘몬을 겸하여 섬길 수 없다는 주님의 말씀을 기억하고, 소유와 탐욕의 앞잡이, 맘몬의 덫에 걸리지 않도록 항상 조심해야 한다.

10. 영성 생활

예수님은 가난한 자와 비천한 자의 친구로 세상에 오셨다. 우리가 어떻게 살아야 하는지를 몸소 보여주신 롤 모델(Role model)이요, 샘플러(Sampler)이다. 고상한 종교인으로 수양이나 수행을 하시지도 않았고, 특정한 곳에서 엄격한 규율을 지키며 살지도 않으셨다. 우리와 같이 그저 평범한 일상 속에서 영성 생활을 이어가셨다.

하나님의 아들이 인간의 육신을 입고 이 땅에 오셨으며, 사람과 같이 할례도 받으시고, 성전에 올라가 하나님께 바쳐졌으며, 30년간 부모에게 순종하며 살았고, 요단강으로 요한을 찾아가 세례도 받으셨다. 겸손과 순종의 본을 자신의 삶을 통해 친히 보여주신 것이다.

예수님의 사역은 사회 정의를 선포하시고, 하나님의 말씀을 가르치시고, 천국 복음을 전하시고, 병든 자와 약한 자를 고치시고, 귀신을 쫓아내시고, 굶주린 자를 먹이시는 것으로 3년 이상 계속하셨다. 그리고 십자가에 못 박혀 피를 흘리며 돌아가심으로써, 인류에게 임한 온갖 저주와 죄악을 말끔히 씻어주셨다. 그리하여 온 인류의 구원을 완전하게 이루셨던바, 인간애로 시작하여 인류애로 마무리하신 역사적 대서사시를 완성하신 것이다.

예수님의 일과는 기도로 시작하여 기도로 마치는 영성 생활의 연속이었다. 새벽에 일어나 한적한 곳을 찾아가 기도하셨으며, 저녁이 되면 으레 산으로 올라가 기도하셨다. 낮에는 복음을 전하시고, 병자들을 고쳐주시고, 가난한 사람들을 섬기시고, 제자들을 훈련시키셨다. 이와 같이 일상적 기도생활은 따로 떼어놓은 시간과 조용한 장소를 필요로 한다.

11. 자기 비움

예수님의 인생은 케노시스(Kenosis), 즉 '자기 비움'에서 시작되었다. 자신의 위상과 권세, 영광을 다 내려놓았다는 뜻이다. 하나님의 우편에 앉으신 아들이 그 품을 떠나 낮고 천한 세상으로 내려오셨던바, 종의 옷을 입고 죽기까지 복종하신 것이다.

> 오히려 자기를 비워서 종의 모습을 취하시고, 사람과 같이 되었습니다. 그는 사람의 모양으로 나타나 자기를 낮추시고, 십자가에 달려 죽기까지 복종하셨습니다.
>
> - 빌립보서 2:7-8

사실 예수님의 영성은 자신을 비움에서 비롯되었다. 따라서 우리도 자신을 비우지 않고는 영성의 최종 목적지인 '그리스도 본받기(Imitation Christ)'에 도달할 수 없다. 먼저 자기 자신을 부정하고, 자신의 모든 소유를 포기해야 한다. 그래서 예수님도 늘 제자들에게 자기 부정을 요구하셨다.

> 누구든지 나를 따라오려거든, 자기를 부정하고 자기 십자가를 져야 한다.
>
> - 마태복음 16:24

그러므로 할 수 있는 힘이 있어도 하지 않고, 부릴 수 있는 권세가 있어도 부리지 않는 것이 자기 부정이다. 하나님이 멈추시면 자기도 멈추고, 하나님이 일하시면 자기도 일하고, 하나님이 가만히 계시면 자기도 가만히 있어야 한다. 이것이 진정한 케노시스의 영성이다.

또 예수님의 영성은 섬김에 있었다. 어릴 때는 아버지 요셉의 일을 도우며 섬겼고, 청년 때는 아버지의 가업을 이어받아 가족을 부양하였으며, 공생애 기간에는 가난한 사람과 약한 자, 병든 자, 귀신 들린 자, 창기, 세리, 죄인 등 주로 소외된 계층을 돌아보셨다. 그리고 십자가를 목전에 두고 제자들에게 손수 발을 씻겨주시며 섬김의 진수를 보여주셨다.

> 인자는 섬김을 받으러 온 것이 아니라 섬기려 왔다.
>
> — 마가복음 10:45

12. 섬김의 자리

사도 요한은 예수님이 제자들의 발을 씻어주신 일을 가장 중요한 자리에 기록하였다. 우리가 예수님의 섬김을 본받아 실천하려는 목적이 어디에 있는가? 섬김은 구원의 조건이 아니다. 섬김을 통하여 그리스도 예수 닮기를 배우고 실천하는 것이다.

사막의 수도사 성 안토니우스(St. Antonius, 251~356)는 사막에서 평생을 살았으나, 섬김을 실천하기 위해 매주 한 번씩 사막에서 나와 병자들을 돌보았다. 이것이 수도사의 전통이 되어 탁발수도회[3]는 일반인과

---

3) 탁발수도회(托鉢修道會, Mendicant)는 청빈을 서원하고 노동과 자선으로 살아가는 사람들의 공동체이다. 1216년 도미니코 수도회를 창설한 성 도미니코(St. Dominicus, 1170~1221)와 1210년 프란치스코 수도회를 창설한 아시시의 성 프란치스코(St. Francis, 1182~1226)가 대표적 인물이다.

함께 막노동을 하며 예수님의 섬김을 실현하였다.

우리도 그리스도를 본받아 섬김을 실천해야 한다. 그런데 우리 앞에 맘몬이라는 큰 걸림돌이 있다. 맘몬은 하나님 한 분만으로 만족하지 못하기 때문에 생겨난다. 이스라엘이 망한 이유가 하나님을 섬기지 않았던 것이 아니라, 하나님과 맘몬을 함께 섬겼기 때문이다. 바알이라는 풍요의 신, 바로 탐심이 원인이었다. 우리의 일상에서 하나님만으로 만족해야 탐욕을 떨쳐버릴 수 있다.

따라서 자신을 부정하고 자기 권리를 포기함으로써 케노시스를 이루고, 보다 낮고 겸손한 자세로 섬김의 자리에 나아가는 것이 바로 예수 닮기의 시작이다. 이때 비로소 우리의 영성 속에 감춰진 그리스도의 빛이 비치고 향기를 발하게 된다.

나는 섬김을 받으러 온 것이 아니라 섬기러 왔으며, 많은 사람의 죗값을 대신 치르기 위해 내 생명마저 주려고 왔다.

— 마태복음 20:28

제4편 성경 인물

제5편 재정 문답

제1편

재정 개론

권학문(勸學文)

소년이로 학난성(少年易老 學難成)
일촌광음 불가경(一寸光陰 不可輕)
미각지당 춘초몽(未覺池塘 春草夢)
계전오엽 이추성(階前梧葉 已秋成)

배움을 권하다

소년은 쉽게 늙고 학문은 이루기 어려우니
지극히 짧은 시간도 헛되이 보내지 말거라.
연못가의 봄풀이 꿈에서 깨어나기도 전에
섬돌 앞의 오동잎은 벌써 가을을 알리는구나.

_ 주자(朱子/朱熹, 1130~1200)

1. 돈

1) 돈의 기원

　돈은 계산의 기본 단위, 지급 수단, 교환의 매개물로서 무게와 모양이 통일되고 그 가치도 비례해야 한다. 따라서 서양에서는 BC 8세기 사용된 중국의 명도전(明刀錢)을 최초의 돈으로 보지 않고, BC 7세기 소아시아(터키) 지방에서 금과 은을 섞어 만든 일렉트럼[4]을 돈의 기원으로 본다.

　이는 청동기 시대의 초보적 금은세공 기술로 무게를 표준화하고, 그 가치도 정확히 비례하게 만들었다. 오늘날 지중해 동쪽에서 발견되는 수많은 일렉트럼은 디자인도 다양하고 무게도 정량화되어 있다.

　당시 아시리아 제국 서쪽의 에게해 지역에는 그리스어를 쓰는 사람들이 살았고, 동쪽의 내륙에는 히타이트어와 리디아어를 쓰는 사람들이 살았다. 일렉트럼은 좁은 지역에서 서로 다른 언어를 사용하는 사람들끼리 물건을 교환하기 위한 것이었다. 따라서 무게와 가치를 정확히 비례하여 만들 필요가 있었으며, 그 가치도 무게나 크기를 재어 직접 확인할 수 있었지만, 뒷면의 디자인(네모꼴의 개수)을 통해 확연히 구분할 수 있도록 하였다.

　하지만 돈의 기원이나 정체성에 대해서는 여전히 논란이 많다. 인류

---

4)　일렉트럼(Electrum) 또는 호박금(琥珀金)은 금에다 20~70%의 은을 섞어 만든 인공 합금으로 서양 최초의 화폐를 만드는 데 사용하였다.

사회가 물물교환 경제에서 벗어나 화폐경제로 접어든 지 3,000년 가까이 되었지만, 돈에 대한 문제는 아직도 완전히 풀리지 않고 있다. 이른바 돈을 물건으로 보느냐, 그렇지 않느냐의 여부이다. 돈을 물건으로 보면 소유권에 대한 문제가 대두된다.

2) 돈의 유래

고대 중국 문화권에서는 천원지방[5] 우주관이 사회를 지배하였다. 하늘에 제사를 올리는 제단인 원구단(圜丘壇)을 세울 때도 천장은 둥글게, 바닥은 네모나게 만들었다. 이는 베이징과 서울 등 여러 지역에 있었다. 따라서 엽전 모양도 서양의 주화와 달리, 바깥은 둥글고 가운데는 네모나게 구멍을 뚫어 만들었다.

고대 사회에서 왕은 하늘과 땅을 잇는 위치에 있었던바, 돈을 실제로 지배하는 존재가 되었다. 그래서 왕이 돈에 어떤 가치를 부여하더라도 백성은 그대로 수용할 수밖에 없었으며, 그 가치를 의심하는 것은 곧 반역이었다.

한국 최초의 화폐는 10세기 고려시대의 건원중보(乾元重寶)로서 철전과 동전이 있었다. 엽전 형태로 주조하여 유통하였으나 정치적 문제로 바로 중단되었다. 그리고 17세기 조선시대의 상평통보(常平通寶)는 구리와 주석의 합금으로 만들어 조선 말까지 유통하였다.

---

5) 천원지방(天圓地方) 사상은 하늘은 둥글고 땅은 모나다는 뜻이다.

3) 돈의 가치

오늘날 돈은 명목 화폐로서 그 자체로는 아무 가치가 없다. 지폐는 종이딱지일 뿐이고, 동전은 쇠붙이에 불과하다. 하지만 사람들은 교환의 매개물로 삼아 서로 믿고 통용한다. 그 믿음이 깨어지면 돈의 가치도 자연히 소멸하게 된다.

자본주의 사회에서는 모든 것이 돈으로 환가된다. 돈이 생활의 중심이며 안락하고 편안한 삶을 제공한다. 하지만 그 돈에 집착하면 구원의 걸림돌이 되고, 요긴할 때 적절히 사용하면 구원의 디딤돌이 된다. 사실 돈은 양날 선 검과 같아서 어느 때는 유익하고 어느 때는 위험하다.

화폐는 원칙적으로 국가가 만들어 유통을 명하는 것으로, 이것을 화폐국정설(State theory of money) 또는 명목주의(Nominalism)라 부른다. 이런 체계하에서는 국가 또는 최고 통치자가 어떤 모양, 어떤 소재로도 돈을 발행할 수 있으며, 다른 나라의 돈과 교환가치도 일방적으로 선언할 수 있다.

그러나 오늘날 돈은 거래의 편의를 위해 개인이 만들어 낸 발명품일 뿐이며, 돈의 가치와 자격은 시장에서 결정된다고 본다. 돈의 기능에서 국가나 공권력을 배제하는 것이다. 역사적으로 가치가 의심스러운 물건을 돈으로 유통시키다가 실패한 사례가 많다는 뜻이다. 이른바 오늘날 비트코인(Bitcoin, 온라인 화폐)과 같은 것이다. 이러한 시각에서의 돈은 개인이나 시장이 받아들일 때만 존재할 수 있다.

사실 돈은 통치자의 명령과 상관없이 그 자체로서 가치를 지니고 있어야 한다. 따라서 모든 사람이 귀하다고 생각하는 귀금속이 돈으로 사용될 수밖에 없다. 이를 화폐국정설과 대비되는 금속주의(Metalism)라 부른다. 금속을 돈으로 쓰면 그 가치가 무게나 순도에 비례해야 하며, 금속 중에서도 오직 금을 쓰자는 주장을 금본위제도(Gold standard)

라 한다.

그러므로 서양의 관점에서 돈은 경제적 가치를 표현하는 물건이며, 동양에서의 돈은 다른 물건의 가격을 표현하기 위해 사회 구성원이나 최고 권력자가 정한 약속이다. 이와 같이 돈을 물질로만 보면 모든 돈에는 소유권이 있다. 하지만 돈을 사회 구성원의 합의로 만든 제도로 보면, 그 돈은 모든 사람의 공유물이다.

4) 돈의 특징

돈은 이 세상 구석구석을 돌다가 가끔씩 사람을 돌게(狂)도 만든다. 좋은 이미지도 있지만 나쁜 이미지도 있다. 그래서 돈(豚)과 같다는 것이다. 사실 돼지만큼 이미지가 상반되는 짐승도 드물다. 하지만 사람들은 그 좋은 이미지만 기억하기를 원한다.

2019년은 황금돼지해라고 한다. 황금에다 돼지를 더했으니, 그 이미지가 얼마나 좋겠는가? 새해를 맞아 사람들의 마음은 한껏 들떠서 누구나 덕담 나누기를 마다치 않았다.

"황금돼지해를 맞아 복에 복을 더하여 더 많은 복을 받으세요!"

황금과 돈, 복과 돼지라는 문안 인사만 받아도 마냥 흐뭇한 표정을 지으며 좋아하였다. 그런데 그 돈이 뭔가? 돈은 자체로만 보면 위생적으로도 불결하고 신앙적으로도 별로 도움이 되질 않는다. 돼지라면 잡아서 먹기라도 하지, 먹지도 못하는 것이 숱한 사람을 지옥문으로 끌고 간다. 깨끗한 이미지의 사람을 어느 날 갑자기 추하게 만들기 일쑤이다.

모든 물건이 그러하듯 돈의 주인도 따로 있다. '이건 내 돈이야!' 하는 순간 어느새 남의 수중에 들어가 있는 것을 본다. 그 돈을 다시 내 손으로 옮겨놓으려고 무리수를 두다가 실족하는 사람들이 부지기수이다.

그러므로 알고 보면 사람을 타락시키고 지옥으로 끌어가는 아주 고약한 놈이 바로 돈이다. 그래서 그 돈에 실망한 사람들이 산속으로 들어가 수사(修士)도 되고 수녀(修女)도 되는 것이 아닌가 싶다. 사실 세상을 지배하는 돈의 횡포에서 벗어나 보려는 생각은 누구나 가지고 있다.

5) 돈의 권세

오늘날 '뭐니 뭐니 해도 머니(Money)가 최고'라는 말이 있다. 그건 아니라고 확실히 말할 사람은 아무도 없다. 혹시 그런 사람이 있다면, 그야말로 도(道)를 통(通)한 사람이거나 돈(狂) 사람일 것이다. 사실 돈을 괄시할 사람은 어디에도 없다. 자본주의 세상에서 돈은 하나님의 자리에 앉아 한껏 거들먹거리고 있다. 아무도 부인할 수 없는 맘몬의 우상이다.

사실 돈만 있으면 호사스러운 집에서 호의호식할 수 있고, 좋은 차를 타고 다니며 온 세상을 여행할 수 있다. 요즘과 같이 각박한 세상 속에서 돈 없이 되는 일은 거의 없다. 학교도 돈이 있어야 다닐 수 있고, 자격증도 돈이 있어야 딸 수 있다. 단체장이나 국회의원도 돈이 있어야 출마할 수 있고, 교회의 연합회장도 돈이 없으면 후보로 나올 수 없다.

이렇듯 사람은 돈 없이 한시도 살아갈 수 없다. 주님의 나라가 임하기까지 누구나 돈에 매여 살아갈 것이다. 국가도 돈이 있어야 선진국이요, 민족도 돈이 있어야 존경을 받는다. 농경사회에서는 땅이 넓고 인구만 많으면 강대국이었으나, 지금은 돈이 곧 국력이다.

사실 돈이 많고 적음에 따라 강대국과 약소국이 된다. 돈만 있으면 최첨단 무기로 무장하여 어느 누구도 넘볼 수 없는 강대국이 될 수 있다. 교회나 단체, 목회자나 신학자도 예외가 아니다. 항상 돈 많고 권세 높은 사람이 윗자리를 차지한다.

돈은 참 편리한 도구로 지어졌다. 의와 불의, 선과 악의 기준이나 빈부귀천의 대상이 아니었다. 무슨 권세나 능력을 가진 것도 아니었다. 그런데 인간이 악용하여 무소불위의 괴물로 만들었다. 그리고 그 돈에 굴종하며 살아간다.

우리는 돈을 잘 다스려야 한다. 열심히 벌어서 바르게 써야 한다는 말이다. 지배당하지 말고 지배해야 한다. 더럽게 만들지 말고 깨끗하게 이용해야 한다. 그리고 필요한 사람에게 넘겨주어야 한다. 사실 돈을 만든 것은 사람이지만, 돈의 주인은 궁극적으로 하나님이시다. 피조물의 피조물도 하나님의 통치를 받기 때문이다.

6) 돈의 영향

돈을 멸시하거나 혐오해서 득볼 것은 없다. 돈의 영향은 타의 추종을 불허한다. 돈이 없으면 심신이 고달픈 인생으로 살아갈 수밖에 없다. 목숨이 붙어 있어도 죽은 몸이나 다름이 없다. 남들처럼 제대로 먹지도 못하고, 편히 잠을 잘 수도 없고, 차를 타고 다닐 수도 없고, 마음대로 여행을 할 수도 없다.

사실 돈 없는 사람은 철따라 갈아입을 옷도 여의치 않고, 모든 방면에서 불편하기만 하다. 인간다운 삶은 너무나 먼 당신이다. 제대로 배우지도 못하고, 소위 스펙도 쌓지 못해 일자리도 구하기 어렵다. 경조금이 없어 대인관계도 무너진다. 이래저래 스트레스를 받으며 고생만 하다가 쓸쓸히 죽어가게 된다.

어떤 사람은 그 지긋지긋한 가난에서 벗어나 보려고 사기를 치거나 도둑질을 하다가 쇠고랑을 차기도 한다. 나쁜 짓이라는 사실을 익히 알면서도 결국은 한탕주의 유혹에 넘어가 교도소로 들어간다.

그리고 우울증에 빠져 술이나 마약에 손을 댄다. 잘 먹고 잘사는 사람은 이해하기 힘들지만, 정말 어렵게 살아 본 사람만이 그 심정을 어느 정도 안다. 오늘날 세상에서 목구멍에 풀칠이라도 하려면 돈이 필요함은 두말할 나위도 없다.

7) 돈의 위선

부자의 남는 돈은 가난한 이웃을 위한 것이다. 부자와 빈자의 차이는 사실상 자기 마음먹기에 달려 있다. 돈을 대하는 태도와 인식이 무엇보다도 중요하다는 것이다. 가끔씩 돈은 천사처럼 위장하고 선하게 다가오지만, 그 속을 들여다보면 여전히 악한 사탄이다. 어쩌다 선한 사람의 손에 들어가면 선이 되지만, 악한 사람의 손에 들어가면 영락없이 악이 된다. 하지만 돈은 선악의 대상이 아니다. 사탄이 이용하는 고도의 미끼일 뿐이다.

어떤 사람은 돈을 사랑하는 것이 문제이지, 돈은 원래 선하고 좋은 것이므로 많을수록 좋다고 한다. 정말 그럴까? 이런 얄팍한 탐욕의 꾐수가 어디 있을까? 돈을 사랑하지 않고 어찌 돈을 많이 벌 수 있으며 어찌 부자가 되겠는가? 참으로 돈이 선하고 좋은 것이라면, 아무리 많아도 악하지 않아야 한다. 하지만 돈이 적어서 악한 것보다 돈이 많아서 악한 경우가 훨씬 더 많다.

우리가 정말 하나님의 사람이라면, 아무리 돈이 많아도 이웃을 위해 선하게 사용할 것이다. 하나님이 그 돈의 주인으로서 우리를 주장하시기 때문이다. 하지만 탐욕에 사로잡힌 사람은 그 돈이 많든 적든 자신을 위해 악하게 사용한다. 그 돈의 주인이 맘몬이기 때문이다.

　그러므로 돈이 우상화된 자본주의 세상에서는, 돈을 사랑하든 안 하든 부자로 산다는 자체가 선하다고 볼 수 없다. 맘몬이 지배하는 돈의 99%가 지옥 문턱 가까이 있기 때문이다. 혹시 나머지 1%를 찾는다면 그건 정말 천국 가까이 있을 것이다. 하지만 그 1% 중에서도 99%는 동화 속의 파랑새와 같을 것이다.

8) 돈의 비유

○ 돈은 도깨비장난이다. 애간장만 태우다가 떠난다.
○ 돈은 돈(豚)이다. 부정하지만 모두가 좋아한다.
○ 돈은 돌이다. 걸림돌도 되지만 디딤돌도 된다.
○ 돈은 물레방아다. 물로 돌아가면서 물을 공급한다.
○ 돈은 번개다. 순간적으로 번쩍하며 사라져 버린다.
○ 돈은 안개다. 잠시 눈에 보이다가 슬그머니 지나간다.
○ 돈은 양극성 장애다. 사람을 수시로 미치광이로 만든다.
○ 돈은 좀비 컴퓨터다. 해커에 조종당하고 악성 코드에 감염된다.
○ 돈은 총알이다. 한번 나가면 다시는 돌아오지 않는다.
○ 돈은 카멜레온이다. 마음먹기에 따라서 색깔을 바꾼다.
○ 돈은 칵테일소스이다. 조리사에 따라 다양한 맛을 낸다.
○ 돈은 허깨비 상태다. 실체는 없지만 영향력을 미친다.

9) 돈의 책임

 돈은 누구에게나 필요하며 세상살이 속에서 매우 중요하다. 열심히 일해서 벌고 저축하여 아낌없이 써야 한다. 하지만 돈의 노예가 되어서는 안 된다. 돈의 주인으로서 그 돈이 많든 적든 지배하고 다스려야 한다.

 돈은 상거래에 있어서 매우 요긴한 매개물로 만들어졌다. 사람이 치부의 수단으로 악용하여 위험이 따르게 되었다. 그래서 성경은 돈을 사랑하는 것이 일만 악의 뿌리라고 하였다. 사탄이 오만과 탐욕과 불순종을 앞세워 사람들을 불의의 도가니로 몰아넣고 있다.

 참부자는 돈 많은 사람이 아니다. 돈이 많으면 많은 대로, 적으면 적은 대로 잘 쓰는 사람이 진짜 부자이다. 이른바 니고데모와 아리마대 요셉 같은 사람이다. 가능한 한 돈을 많이 벌고 저축해야 하지만, 먼저 그 돈을 어떻게 쓸지부터 배워야 한다. 돈이 많아서 불행한 것보다 적어서 행복한 편이 더 낫다.

 돈이 많으면 그에 따른 책임도 당연히 커진다. 돈을 버는 것보다 쓰는 것이 더 힘들지 모른다. 하나님께서 까닭 없이 많은 돈을 주실 리가 있겠는가? 어쩌면 우리가 돈을 벌고 쓴다는 것이 제로섬 게임(Zero sum game)일지도 모른다.

 모르고 매 맞을 짓을 한 종은 그나마 적게 맞을 것이다. 누구든지 많이 받은 사람에게 많이 요구할 것이고, 많이 맡은 사람에게 많이 내놓으라고 할 것이다.
 - 누가복음 12:48

2. 재정

1) 재정 성구

○ 내 이름을 위하여 집이나 형제나 자매나 아버지나 어머니나 자식
이나 땅을 버린 사람은, 현세에서 백배나 받을 것이요, 또 영원한
생명도 물려받을 것이다. (마태복음 19:29)

○ 이 뺨을 때리거든 저 뺨도 돌려대고, 겉옷을 빼앗는 사람에게 속
옷까지 주어라. (누가복음 6:29)

○ 어리석은 사람아, 오늘밤 네 영혼을 도로 찾아가면 지금까지 쌓아
둔 게 뉘 것이 되겠느냐? (누가복음 12:20)

○ 너희는 너희 소유를 팔아 자선하라. 자신을 위해 낡아지지 않는
주머니를 만들고, 하늘에 없어지지 않는 재물을 쌓아두라. 거기는
도둑이나 좀의 피해가 없다. (누가복음 12:33)

○ 잔치를 베풀 때 가난한 사람과 불구자, 장애인, 맹인들을 초대하
라. (누가복음 14:13)

○ 너는 살았을 때 좋은 것을 마음껏 누렸고, 나사로는 온갖 괴로움
을 겪었다. 그래서 지금 나사로는 여기서 위로를 받고, 너는 거기
서 고통을 받고 있다. (누가복음 16:25)

○ 적게 뿌리는 사람은 적게 거두고, 많이 뿌리는 사람은 많이 거둔
다. (고린도후서 9:6)

○ 하나님께서 가난한 사람을 택하여 믿음에 부요한 사람이 되게 하
시고, 하나님을 사랑하는 이들에게 약속하신 그 나라의 상속자가

되게 하시지 않았습니까? (야고보서 2:5)

○ 일곱째 해에는 땅을 놀리고 묵혀서 거기 자라는 것을 가난한 사람들이 먹게 하며, 그렇게 하고도 남은 것은 들짐승이 먹도록 해야 한다. 너희 포도밭과 감람원도 그렇게 해야 한다. (출애굽기 23:11)

○ 포도를 딸 때도 모조리 따서는 안 된다. 포도밭에 떨어진 포도도 그냥 두어야 한다. 가난한 사람과 나그네와 외국인을 위해 그것을 남겨두어야 한다. (레위기 19:10)

○ 그날 품삯은 그날 주되, 해가 지기 전에 주어야 합니다. 그는 가난한 사람으로 품삯을 받아야 살아갈 수 있습니다. 그가 그 품삯을 못 받아 여러분을 원망하고 주님께 호소하면, 여러분에게 죄가 돌아갈 것입니다. (신명기 24:15)

○ 내가 지혜와 지식을 너에게 주며, 부와 재물과 영화도 주겠다. 이런 왕은 네 앞에도 없었고, 네 뒤에도 없을 것이다. (역대하 1:12)

○ 또 성읍들을 더 만들고, 양떼와 많은 소떼를 치도록 하였으니, 하나님이 그에게 재산을 그렇게 많이 주셨던 것이다. (역대하 32:29)

○ 가난한 사람이 끝까지 잊히는 일은 없으며, 억눌린 자의 꿈도 결코 헛되지 않을 것이다. (시편 9:18)

○ 가난한 자와 고아의 권리를 옹호하며, 가련하고 고통당하는 자에게 공정한 재판을 하라. (시편 82:3)

○ 그의 집에는 부귀영화가 있으며, 그의 의는 영원토록 칭찬받을 것이다. (시편 112:3)

○ 남에게 아낌없이 빌려주며, 자기 일을 정직하게 수행하는 자는 모든 일이 잘 될 것이다. (시편 112:5)

○ 적게 먹든지 많이 먹든지 노동자는 단잠을 자지만, 배부른 부자는 단잠을 못 잔다. (전도서 5:12)

○ 잔치는 즐기기 위한 것이고 포도주는 홍을 내기 위한 것이나, 돈은 만사를 해결해준다. (전도서 10:19)

○ 전에 억압받던 사람들이 이제는 무너진 그 성을 밟고 다닌다. 가난한 사람들이 그 성을 밟고 다닌다. (이사야 26:6)

○ 사람들은 너희를 주님의 제사장이라 부를 것이며, 우리 하나님의 봉사자라 일컬을 것이다. 열방의 재물이 너희 것이 되어 너희가 마음껏 쓸 것이고, 그들의 부귀영화가 바로 너의 것임을 너희가 자랑할 것이다. (이사야 61:6)

○ 네 재산과 네 모든 농산물의 첫 열매로 여호와를 공경하라. (잠언 3:9)

○ 그 오른손에는 장수가 있고, 그 왼손에는 부귀영화가 있다. (잠언 3:16)

○ 게으른 자여, 개미에게 가서 그 하는 일을 보고 지혜를 배워라. (잠언 6:6)

○ 나를 사랑하는 사람에게 재물을 주어서, 그의 금고가 가득 차게 할 것이다. (잠언 8:21)

○ 덕이 있는 여자는 존경을 받고, 부지런한 남자는 재물을 얻는다. (잠언 11:16)

○ 자기 재산만 믿는 사람은 넘어지지만, 의인은 푸른 나뭇잎처럼 번성한다. (잠언 11:28)

○ 열심히 일하면 수입이 있어도, 잡담만 하고 있으면 가난하게 된다. (잠언 14:23)

○ 가난한 사람을 조롱하는 것은 그를 지으신 분을 모욕하는 것이요, 남의 재앙을 기뻐하는 자는 형벌을 면하지 못한다. (잠언 17:5)

○ 귀를 막고 가난한 사람의 부르짖음을 듣지 않으면, 자기가 부르짖

을 때 응답받지 못한다. (잠언 21:13)

○ 높은 이자로 재산을 늘리는 것은, 가난한 사람에게 은혜로 베풀어
질 재산을 쌓아두는 것이다. (잠언 28:8)

○ 가난한 자를 도와주는 사람은 부족한 것이 없어도, 가난한 자를
못 본 체하는 사람은 많은 저주를 받는다. (잠언 28:27)

2) 재정 문제

가정 분란의 80%가 재정에서 비롯되며, 이혼 가정의 50%가 재정 문
제에서 비롯된다고 한다. 교회 안에서 일어나는 크고 작은 분쟁도, 그
내막을 자세히 살펴보면 대부분이 재정 문제에서 발생하고 있다. 오늘
날 미국과 중국의 무역 전쟁도 결국은 재정 문제에서 기인하고 있다.

신약성경 7,957절 가운데 구원과 관련된 절이 218개(3%), 믿음과 관련
된 절이 215개(3%), 재정과 관련된 절이 2,084개(26%)이며, 예수님의 비
유 38개 가운데 16개가 재정과 관련되어 있다고 한다. 물론 성경에 기
록된 말씀이 많다고 해서 그만큼 중요하다고 단정할 수는 없다. 그에
따른 위험성이 커서 그럴 수도 있고, 문제점이 많아서 그럴 수도 있다.
다만 우리의 일상 가운데 대부분이 재정과 관련되어 있다는 사실만은
아무도 부인할 수 없다.

성경에 이렇듯 많은 말씀이 기록되어 있고 현실이 그러함에도 불구
하고, 교회에서 공식적으로 재정 문제를 가르치기는 쉽지 않다. 그만
큼 문제도 많고 위험하기도 하여 부작용이 생길 여지가 있기 때문이
다. 그렇다고 해서 마냥 손을 놓고 가만히 있을 수도 없다. 재정에 대
한 문제점을 제대로 파악하고, 적극적으로 대처하여 가르치는 지혜가
필요하다.

부자인 척하나 아무것도 없는 사람이 있는가 하면, 가난한 체하나 많은 재물을 가진 사람이 있다.

- 잠언 13:7

3) 재정 괴리

어떤 목사는 돈에 무관심한 채 사역에만 몰두하다가, 은퇴기에 접어들어 목회도 변변찮고, 가진 돈도 없고, 노후도 준비하지 못한 사실을 발견하였는바, 뒤늦게 재정의 중요성을 깨닫고, 여러모로 대책을 강구해 보았으나, 뾰족한 방법이 없어 크게 실망하였다고 한다.

또 다른 목사는 가난이 미덕인 줄 알고 평생 돈을 멀리하며 살다가, 노년이 되어서야 비로소 자신의 잘못을 깨닫고 보니, 인생이 너무 처량하였다고 한다. 그리고 어떤 성도는 교인들의 기도는 첫째가 재정인데, 목사들은 재정과 관련 없는 설교만 하여 재미가 없다고 불평하였다.

오늘날 사람들은 교육 수준이 높을수록 재정에 대한 욕구가 늘어난다고 한다. 허기진 사람에게는 먹을거리가 위안이 되지만, 절대적 가난에서 벗어난 사람은 삶을 질을 추구한다는 것이다.

성경은 돈을 사랑하는 것이 일만 악의 뿌리인바, 하나님과 맘몬을 겸하여 섬길 수 없다고 단언한다. 그래서 사람들이 겉으로는 돈을 멀리하면서도, 속으로는 은근히 추구하고 있다. 자본주의 사회에서 돈이 없으면 궁하고, 비굴한 인생을 살아갈 수밖에 없기 때문이다.

부자의 재산은 견고한 성이 되지만, 가난한 사람의 빈곤은 그를 망하게 한다.

- 잠언 10:15

그렇다면 이 재정 문제의 괴리를 어떻게 메울 수 있을까? 정말 가난이 하나님의 뜻일까? 부자로 살기를 원하지 않으실까? 가난하고 병든 자를 돕기 위해서라도 악착같이 돈을 벌어 부자가 되어야 하지 않을까? 이런 질문에 대한 대답은 정말 간단하다. '노!', '노!', '노!'이다.

사실 하나님의 뜻은 돈을 무시하라는 것도 아니고, 돈에 집착하라는 것도 아니다. 자신의 은사를 최대한 발휘하여, 열심히 일하고 벌어서, 이웃을 도와주며 행복하게 살라는 것이다. 최선을 다해 충성하고, 주어진 책임을 다하라는 것이다. 이것이 청지기 정신이다.

그러므로 주님을 믿고 따르는 사람에게 부자와 빈자의 구분은 특별한 의미가 없다. 자기 마음먹기에 따라서 부자도 될 수 있고, 가난한 자도 될 수 있기 때문이다. 지금 있는 그대로 자족하고 즐거워하며, 하나님의 나라와 그 의를 드러내면 되는 것이다. 사실 스스로 가난하게 사는 사람만큼 큰 부자도 없다.

> 부자가 되려고 애쓰지 말고, 그런 생각을 끊어버릴 지혜를 가져라.
>
> - 잠언 23:4

4) 재정 원칙

어떤 사람은 고린도 교회가 극한 가난 속에서도 많은 연보를 하였듯이, 가난하게 살면서도 마음만 먹으면 얼마든지 구제할 수 있는바, 성도가 반드시 부요하게 살 필요는 없다고 주장한다. 참으로 그럴듯하고 좋은 말이다. 누가 여기에 이의를 제기하겠는가? 하지만 하나님은 만물의 주인이시다. 가난하게 살면서 이웃을 돕는 것으로 만족하시는 게 아니라, 모든 사람이 정신적으로나 물질적으로 풍요롭게 살기를 원하신다.

나의 하나님께서 자신의 풍성하심을 따라, 그리스도 예수 안에 있는 영광으로, 여러분에게 필요한 것을 모두 채워주실 것입니다.

- 빌립보서 4:19

요한복음에서 말하는 '조에(Zoe)'는 영적 생명과 육적 생명, 현세적 생명과 내세적 생명을 모두 포함한다. 하나님께서 우리에게 영육 간의 풍성한 생명을 주시기 원하신다는 뜻이다. 이렇듯 하나님의 재정 법칙은 탐심을 버리고 영원한 생명을 추구하라는 것이다. 성경 전체에 걸쳐 이것을 가르치고 있으나, 우리의 영안이 어두워 잘 보지 못할 뿐이다.

도둑이 오는 것은 도둑질하고 죽이고 멸망시키려는 것뿐이요, 내가 온 것은 양으로 생명을 얻게 하고 더 풍성히 얻게 하려는 것이다.

- 요한복음 10:10

5) 재정 본질

돈이 선인가, 악인가? 복인가, 화인가? 사실 이처럼 어리석은 질문도 없다. 돈을 자꾸 인격화시키기 때문에 나오는 것이다. 돈에 문제가 있다면 해결 방법은 너무나 간단하다. 아예 쳐다보지 않고 멀리하면 된다. 하지만 그럴 수 없다. 돈 없이 단 하루도 살아갈 수 없다. 그렇다면 돈을 인격화시키지 말아야 한다. 아무리 위험한 물건이라도 피할 수가 없다면, 잘 다스릴 수밖에 없다.

성경에서 어느 때는 재물이 하나님의 축복이라 말하고, 어느 때는 그렇지 않은 것처럼 말한다. 하나님께서 아브라함을 축복하여 가축과 은금이 풍부하게 하셨으며, 이삭도 하나님의 축복으로 농산물을 100배나 거두었다. 욥도 끝까지 인내하며 고난을 극복하였던바, 처음보다 갑절의 복을 받았다.

그런데 예수님은 부자가 하나님의 나라에 들어가기란 심히 어렵다고 하시며, 그것을 극복하는 일이 사람의 힘으로는 불가능하다고 하셨다.

> 부자가 하나님의 나라에 들어가는 것보다, 낙타가 바늘귀로 지나가는 것이 더 쉽다.
>
> - 마태복음 19:24

이는 부자 청년의 재물에 대한 집착을 사례로 들어 제자들에게 엄중히 경고하신 말씀이다. 그 의미가 무엇인가? 그리스도인이 부자로 살면 안 된다거나, 경건한 성도는 재물과 담을 쌓고 살아야 한다는 뜻으로 말씀하신 것이 아니다. 분수에 넘친 탐심이나 부귀영화에 대한 집착이 그를 지옥으로 끌어간다는 말이다.

사실 그에게는 불타는 청춘과 넘치는 재물, 존경받는 직장, 최고의 학벌, 철저한 율법, 가시적 선행 등이 모두 참 부자로서 누릴 수 있는 하늘의 보화를 얻는 데 걸림돌로 작용한 것이다. 그는 실로 예수님의 말씀을 직접 듣고도 그 걸림돌을 디딤돌로 바꾸지 못한 사람으로서, 지상에서 가장 가련하고 불쌍한 부자로 남을 수밖에 없었다.

피조물로서 우리에게 주어진 모든 물질의 주인은 창조주 하나님이시다. 하나님의 선하신 뜻에 따라 사용되어야 한다. 그런데 그것이 타락한 사람의 본성으로는 불가능한바, 성령으로 거듭난 하나님의 사람만이 가능하다.

> 의인은 가난한 사람의 사정을 돌보지만, 악인은 아랑곳하지 않는다.
>
> - 잠언 29:7

6) 재정 관리

돈 쓰는 사람의 스타일을 보면 그 생각이 어떠한지 알 수 있다고 한다. 예수님은 재정에 대해 많은 비유를 하셨다. 재정이 그만큼 우리의 일상과 밀접하고 큰 영향을 미치기 때문이다. 사실 우리가 살아가면서 재정 관리만큼 중요한 일도 없다. 하지만 교회에서 잘 가르치지 않는다. 돈만 밝히는 것처럼 보여 쉽게 말하기도 어렵고, 탐욕스럽게 비쳐 자주 듣기도 거북하다. 이는 재정 관리에 대한 뚜렷한 매뉴얼이 없기 때문이다.

초대 교회는 자발적 연보와 모금으로 재정을 충당하고 이웃 교회를 도와주었다. 하나님께 바치는 헌금의 의미가 아니라, 어려운 이웃을 돕기 위해 자원하여 연보하고, 공동체의 경비를 지원하고 운영을 위한다는 기쁨으로 모금에 동참하였다. 그리고 교회 안에 있는 고아와 과부, 장애인 등 소외 계층을 우선적으로 도와주고, 가난한 이웃을 위해서도 아낌없이 나눠 주었다.

오늘날 하나님께서는 헌금을 바치라고 요구하시지 않는다. 오히려 무엇인가 우리의 필요를 채워 주려고 하신다. 예수님이 자신의 몸으로 단번에 드리신 제사로 말미암아 모든 것이 충족되었기 때문이다. 대신 우리와 함께 깊은 교제를 나누기 원하신다.

사실 하나님께서는 누구에게나 공명정대하고 공평하신바 아무도 차별하지 않으신다. 아울러 특별한 사정이 없는 한, 특정한 사람에게 특혜를 주시기도 원치 않으신다. 우리 개개인의 부귀영화에 크게 관심을 두시지 않는다는 말이다. 사실 부귀영화는 사탄이 즐겨 사용하는 기복신앙의 모조품일 뿐이다.

우리는 하나님의 재정을 잘 관리하라고 위임받은 청지기이다. 우리가 개인적으로 쓰는 돈은 물론이고, 가계나 기업, 교회나 단체, 국가나 국

제기구의 재정도 마찬가지이다. 하나님께서 만물을 창조하셨으니 그 주인은 당연히 하나님이시며, 우리도 하나님의 피조물인바 우리가 관리하는 재물도 하나님의 것이다. 우리는 하나님의 재정을 맡아 관리하는 선한 도구로서 사용되어야 한다.

> 많은 재물보다 명예를 택하고, 은이나 금보다 은총을 택하라.
>
> — 잠언 22:1

7) 재정 철학

어찌 보면 돈이 인간 사회의 가장 위대한 문명일지 모른다. 돈은 사람을 살리기도 하고 죽이기도 한다. 사람에 따라 영적 문제까지 영향을 미친다. 사탄은 이를 놓칠세라 사람을 전인적으로 휘어잡으려 한다. 우리는 재정에 대한 분명한 가치관과 철학을 지니고 있어야 한다. 돈은 하나님이 허락하시면 복이 되지만, 사탄이 이용하면 저주의 수단이 되기 때문이다.

사탄은 어떻게 하든지 우리를 하나님의 품에서 벗어나게 하려고 발악을 한다. 그 무기가 바로 돈이다. 그래서 지금도 숱한 사람이 돈의 돌부리에 걸려 넘어지고 있다. 돈이 왕 노릇하고 주인이 될 때, 하나님은 자연히 한쪽 구석으로 내몰리게 된다.

이렇듯 사탄은 재정을 미끼로 항상 우리를 노리며 엿보고 있다. 재정을 통해 우리를 지배하려고 한다. 세상을 지배하고 우리의 영혼까지 세뇌시켜 수하로 만들려고 수작한다. 그래서 성경은 수천 번에 걸쳐 경고하고 또 경고하고 있다. 그만큼 재정은 우리에게 위험한 물질인바, 단단히 무장하고 대처하라는 뜻이다.

한순간에 없어질 재물을 주목하지 마라. 재물은 날개를 달고 독수리처럼 하늘로 날아가 버린다.

- 잠언 23:5

8) 재정 비리

교회개혁실천연대가 2014년 발표한 교회 비리의 순서를 보면, 1위가 담임 목사의 재정 비리, 2위가 담임 목사의 독단적 교회 운영, 3위가 담임 목사의 교회 세습, 4위가 담임 목사의 성 문제였다. 1위부터 4위까지가 담임 목사의 자질과 관련되어 있다. 담임 목사가 아니라 담임 범죄자처럼 느껴진다.

지난 10년간의 통계에서도 쭉 비슷한 결과가 나왔다. 문제는 다름 아닌 담임 목사였다. 담임 목사라고 해서 다른 사람들보다 믿음이 부족하거나 신앙이 떨어진다고 볼 수는 없다. 그런데 왜 그럴까? 바로 그 돈 때문이다. 사탄이 맘몬의 우상을 앞세워 탐심을 부추기기 때문이다.

게다가 교회의 제도와 직책, 직무와 권한까지 사탄의 먹이사슬이 되기에 안성맞춤으로 만들어 놓았다. 그래서 아골 골짜기까지 복음을 들고 가겠다며 다짐하고 시작한 주의 종들이, 넉넉하고 풍족한 재물의 올무에 걸려 온갖 비리의 온상이 되는 것이다.

교회 재정을 담임 목사 마음대로 주물럭거리게 만들어 놓은 것도 사실은 사탄의 계략이었다. 그래서 초대 교회의 사도들이 그 사탄의 꾐을 간파하였던바, 재정에서 아예 손을 떼고 가르치는 일과 기도하는 일에만 전념하였다. 오늘날 목사와 교회를 구원하는 길이 바로 이 교훈에 있지만, 묵은 포도주의 달콤한 맛에 빠진 목사들이 새 포도주를 마시려고 하지 않는다.

지금은 사회 뉴스에서도 교회 재정과 관련된 목사의 비리가 빠지지 않고 등장한다. 목사의 자질은 물론이고, 개신교의 신뢰도까지 추락시켜 복음을 훼방하고 있다. 하지만 이 모든 것이 사탄의 전략에 제대로 걸려들어 그렇게 되었다는 사실을 아는 사람이 없다.

이제는 누구나 교회 재정을 올바로 사용하고 제대로 확실히 공개해야 한다. 성도들이 교회 살림살이에 좀 신경을 써야 한다. 엄청난 비자금이 조성되어 사회적 물의를 일으킨 후에 비상대책회의를 구성하지 말고, 사전에 정신을 바짝 차리고 살펴보고 감시해야 한다. 목사도 인간인바 견물생심이 일어나지 않으란 법이 없다.

헌금 많이 하고 복 많이 받으면 그만이라는 종교적 세뇌에서 속히 벗어나야 한다. 하나님의 나라와 그 의를 드러내기 위해 교회가 어떻게 돌아가는지 눈을 부릅뜨고 지켜보라는 말이다. 그리고 교회 돈을 파먹는 좀이 발견되면 가차 없이 제거해야 한다. 미연에 방지하지 못하고 사후에 싸워 보아야 덕 볼 사람은 하나도 없고, 피투성이 피해자만 잔뜩 남게 된다. 오늘날 대형 교회의 절반 가까이가 그렇게 무익한 피를 흘리며 싸우고 있다.

재물은 심판 날에 아무 쓸모가 없어도, 정직은 생명을 구한다.

- 잠언 11:4

9) 재정 모금

재정 모금과 사용에 대한 원칙과 방법은 오직 성경에 근거를 두어야 한다. 일부이기는 하지만, 돈에 눈이 멀어 제멋대로 모금하여 입맛대로 사용함으로써 사회적 물의를 일으키는 경우가 종종 있다. 이를 감시하는 교회적 기구와 조직이 필요하다.

(1) 기도는 재정 모금의 처음과 나중이요, 시작과 끝이다. 느헤미야는 왕이 무엇을 원하느냐고 물었을 때, 먼저 하나님께 기도하고 나서 도움을 요청하였다. 그가 예루살렘의 심각한 상황을 알고도 금식하며 기도하기를 3개월간 계속하였던 것이다.

나는 무엇보다도 먼저, 모든 사람을 위해 간구와 기도와 중보와 감사를 드리라고 그대에게 권합니다.

- 디모데전서 2:1

(2) 교회가 후원을 요청하고 받는 것은 자연스러운 일이다. 하나님께서 모세를 통하여 이스라엘 자손에게 금, 은, 놋, 실 등을 성막 지을 예물로 가져오라고 명하셨다. 사도 바울도 고린도 교회에 예루살렘 교회의 구제를 위해 모금을 요청하였다.

너는 나에게 예물을 가져오라고 이스라엘 백성에게 말하고, 기쁜 마음으로 바치는 자들의 예물을 받아라.

- 출애굽기 25:2

성도를 돕기 위한 연보에 대해서는, 내가 갈라디아 여러 교회에게 말한 것처럼 여러분도 그렇게 하십시오.

- 고린도전서 16:1

(3) 모금에는 자원하여 자발적으로 정성껏 동참해야 한다. 하나님께서 모세에게 성막을 짓기 위한 예물을 모금하라고 하셨을 때도 분명한

기준이 있었다. 감사함으로 자원하여 기쁘게 바치는 사람의 예물만 받으라고 하셨다. 사도 바울도 그와 같이 말하였다.

> 그래서 나는 이 형제들이 먼저 여러분에게 가서, 여러분이 전에 약속한 연보를 미리 준비하도록 권면하는 것이 필요하다고 생각했습니다. 이렇게 미리 준비해야 참 연보가 되고, 탐심에 좌우된 억지 연보가 되지 않습니다.
>
> — 고린도후서 9:5

(4) 후원자는 동역자다. 금전이나 물품, 기도 등이 다 하나님의 선한 일에 후원하는 것이다. 빌립보 교회는 바울이 데살로니가에 교회를 세울 때 기탄없이 재정 지원을 하였다. 또 그들은 고린도에서, 바울이 로마의 감옥에 갇혔을 때도, 그리고 그 사이에도 여러 번 도움을 주었다. 그래서 바울은 그들을 동역자라 불렀으며, 항상 그들을 기억하고 기도하며 마음에 품고 사모하였다.

> 내가 데살로니가에 있을 때도, 여러분은 내가 쓸 것을 몇 번 보내 주었습니다.
>
> — 빌립보서 4:16

(5) 후원금 사용에 대한 책임은 후원자에게도 있다. 바울이 예루살렘 교회를 위로하려고 모금하였을 때, 원래 의도된 목적을 위해서만 그 돈이 사용되도록 확실한 시스템을 만들었다. 사실 바울은 교회에서 신임이 두터운 사람들을 세워 모금을 실시하고, 그들과 함께 예루살렘까지 동행하여 교회에 전달하였다.

> 우리는 이 거액의 연보를 다루는 데 있어서, 아무에게도 비난을 받지 않으려고 조심하고 있습니다. 이처럼 우리는 주님 앞에서만 아니라, 사람들 앞에서

도 옳은 일을 하려고 노력합니다.

- 고린도후서 8:20-21

(6) 후원금은 하나님과 사람 앞에서, 그 목적에 따라 제대로 사용하고 투명하게 보고해야 한다.[6]

무릇 부당한 이득을 탐하는 자의 길은 다 이러하니, 그 재물이 그의 목숨을 빼앗는다.

- 잠언 1:19

---

[6] 로잔 운동의 재정 모금 방식과 원칙을 참조하였다.

3. 수입

1) 수입 목적

사람은 먹고살기 위해 돈을 버는 것이 아니라, 돈을 벌어 제대로 쓰기 위해 먹고사는 것이다. 자기 마음대로 벌어서 입맛대로 쓴다면 동물처럼 살아갈 수밖에 없다. 더욱이 그리스도인은 뭔가 남달라야 한다. 세속적 가치관으로 돈을 벌고 쓰면 그야말로 맛 잃은 소금이 된다. 사람들은 잘 먹고 잘살기 위해서 돈을 번다고 하지만, 성경은 하나님의 영광을 드러내기 위한 것이라고 한다.

> 그러므로 여러분은 먹든지 마시든지, 무슨 일을 하든지 하나님의 영광을 위해 하십시오.
>
> - 고린도전서 10:31

2) 수입 원리

한국 사람은 돈이 되는 일이라면 물불 가리지 않고 일단 하고 본다. 그 유혹이 끊이질 않는다. 그러나 돈이 된다고 아무 일이나 하면 하나님의 창조 질서를 깨뜨릴 수 있다. 사람의 영성이 흐트러져 사탄의 앞잡이가 될 수도 있다.

창조 세계와 하나님의 질서를 깨뜨리는 일, 인간의 가치관과 사고(思

考), 습관이나 태도 등에 부정적인 영향을 미칠 수 있는 일, 사회적으로 좋지 않은 소비문화를 조장하는 일 등은 아무리 돈벌이가 좋아도 하지 말아야 한다.

수요가 있으니 무엇이나 만들어 판다는 식의 자본주의 생각은 사탄의 함정에 걸려들기 십상이다. 그래서 어떤 패션 회사의 사장이 말하였다. "나는 하나님께 드려도 부끄럽지 않을 옷만 만들겠다".

> 믿음과 선한 양심을 가지십시오. 어떤 사람은 이 양심을 버리고 믿음을 완전히 잃어버렸습니다.
>
> - 디모데전서 1:19

3) 돈 벌기

돈을 많이 벌어야 하나님의 뜻에 맞춰 살아갈 수 있다고 생각하는 사람들이 의외로 많다. 자기 필요할 때만 적당히 하나님을 활용하려는 사람들도 있고, 아쉬울 때만 찾는 사람들도 있다. 이들은 돈 버는 것을 인생의 목적으로 삼고 살아간다.

어느 기업체의 사장이 있었는데, 가장 좋아하는 찬송이 '나의 영원하신 기업'이라고 하였다. 월요일마다 회사에서 예배를 드리며 지정곡같이 즐겨 불렀다. 그가 이 찬송을 좋아한 이유는 바로 이 가사 때문이었다.

> 나의 영원하신 기업. 생명보다 귀하다. 나의 갈 길 다가도록 나와 동행하소서.

그는 여기서 '기업'이라는 말을 자신이 경영하는 기업으로 생각하였다. 그래서 2절은 탐탁지 않게 여기고 부르지 않았다고 한다.

세상 부귀 안일함과 모든 명예 버리고, 험한 길을 가는 동안 나와 동행하소서.

아무리 이윤의 극대화를 추구하는 기업이라도 단순히 돈만 많이 버는 것을 하나님의 뜻으로 생각해서는 안 된다. 그런 과욕이 사람의 마음을 비집고 들어오는 순간 사탄이 틈타게 된다. 부질없는 욕심을 부리지 말고 항상 그 자리에서 묵묵히 최선을 다하는 사람, 고객을 맞이할 때 작은 예수를 대하듯 하는 사람, 언제 어디서나 주님의 마음만을 생각하는 사람이 참으로 돈에서 자유로울 수 있다.

부정한 방법으로 얻은 재물은 아무 유익이 없어도, 정직은 생명을 구한다.

- 잠언 10:2

4. 지출

1) 사업 계획

  오늘 피었다가 내일 시드는 들풀도 기르시며, 공중의 새들도 먹이시는 하나님께서 모든 것을 책임지시니, 우리는 아무 염려 없이 그냥 주시는 대로 먹고 살면 된다고 생각한다면, 그것이 정말 옳은 것일까? 있으면 쓰고, 없으면 안 쓰면 된다는 것이 과연 하나님의 뜻일까? 이는 나태하고 게으른 자의 궤변일 뿐이다. 오히려 하나님께서는 적극적으로 일하고 벌어서, 마음껏 쓰고 누리라고 우리를 독려하신다.

  하나님께서 선히 여기시는 청지기는 자신에게 주어진 일을 성심성의껏 수행하고, 그 결과에 대해 책임을 진다. 결코 안일무사하거나 복지부동하지 않는다. 하나님께서 맡기신 종들에게 제때 양식을 나눠 주며, 주어진 재물을 잘 선용하여 하나님께 영광을 돌린다.

  그러므로 우리가 하나님의 일을 제대로 수행하려면, 먼저 앉아서 사업 계획을 잘 세워야 한다. 그에 따라 예산도 편성하고, 필요한 자금도 마련해야 한다. 이러한 일련의 과정이 온전히 갖춰질 때, 우리는 맡은바 직무를 충실히 수행할 수 있다.

> 너희 중에서 누가 망대를 세우려고 하면, 그것을 완공할 때까지 얼마의 비용이 들어가는지, 먼저 앉아서 계산해보지 않겠느냐?
>
> - 누가복음 14:28

2) 예산 수립

지금 우리가 가지고 있는 돈이 얼마이며, 앞으로 들어갈 돈은 얼마나 되는지, 그것으로 어떻게 마무리해야 하는지 등에 대한 예산을 세우고, 그에 따라 열심히 일하면 된다. 수입보다 지출이 많으면 빚을 질 수밖에 없고, 빚이 늘어나면 우리의 영성도 침체하게 된다.

돈이 없어 일할 수 없을 때는 우선 기도해야 한다. 모든 필요를 아시고 채워 주시는 하나님께서 선히 여기시면 반드시 도와주실 것이다. 일은 내가 저질러 놓고 뒤치다꺼리만 하나님께 맡기는 것은 성도의 도리가 아니다.

> 만일 기초공사만 하고 완공하지 못하면, 이 사람이 시작만 하고 끝내지는 못하는군! 하고 사람들이 비웃을 것이다.
>
> - 누가복음 14:29-30

3) 돈 쓰기

'이것이 꼭 필요한가?', '반드시 필요한가?', '정말 필요한가?' 이렇게 '꼭' '반' '정'을 3번 물어보고 돈을 써도 늦지 않다. 혹시 그게 나의 사사로운 욕심을 채우기 위한 것이라면 중간에서 걸러지게 될 것이다.

내가 바로 살기 위해서는 우선 내 가정이 하나님 앞에 바로 서야 한다. 영적 리듬이 깨어진 가정에서 충동구매가 자주 일어난다. 공허함의 탈출구로 충동적이고 욕망적인 소비를 하는 것이다. 우리가 물건을 사는 것은 바로 살기 위함이지, 물건을 사는 자체에서 즐거움을 찾는 게 아니다. 그런 불필요한 구매 행위가 가끔씩 우상숭배로 이어지고 있다는 사실도 알아야 한다.

그렇다고 해서 의식주를 제외한 소비생활을 일체 하지 말라는 것은 아니다. 가끔씩 여가를 즐길 수도 있고, 여행을 떠날 수도 있다. 재충전을 위한 건전한 소비를 군이 사치라고 말할 수는 없다. 사실 모든 물질은 교회 안에서의 코이노니아(교제)와 교회 밖에서의 디아코니아(섬김)를 조화롭게 잘하라고 주시는 것이다. 이것이 착한 재정의 정의다. 합리적이고 유익한 소비는 용기와 절제의 공약수다.

향락을 좋아하는 사람은 가난하게 되고, 술과 고기를 좋아하는 사람도 부자가 되지 못한다.

- 잠언 21:17

더글라스 맥그리거는 소비에 관해 다음과 같이 조언하고 있다.[7]

〈충동구매 억제 방법〉

① 내게 꼭 필요한 것인가?
② 가격은 비싸지 않고 적절한가?
③ 값이 싸면 구닥다리가 아닌가?
④ 품질에 비해 그만한 가치가 있는가?
⑤ 더 싼 것으로 대체할 수는 없는가?
⑥ 혹시 제품에 결함은 없는가?
⑦ 건전한 기업에서 만든 물건인가?

〈시장 갈 때 유념할 것〉

① 배고플 때 가지 마라.
② 일주일에 한두 번만 가라.
③ 살 물건의 리스트를 가지고 가라.
④ 다른 사람과 함께 가지 마라.
⑤ 낮은 선반에 있는 물건이 값싸고 좋은 경우가 많다.
⑥ 단위 가격을 확인하는 것도 좋은 지혜이다.
⑦ 인스턴트식품이나 몸에 해로운 음식은 피하라.
⑧ 비교해서 물건을 사는 지혜가 필요하다.

4) 저축하기

저축할 때도 분명한 목적이 있어야 한다. 보다 풍성한 나눔을 위한 것이다. 자기를 위해 재물을 쌓아 두는 사람은 정말 어리석다. 이웃과

---

7) 추부길, '[추부길 칼럼] 돈 어떻게 벌고, 어떻게 쓰나?', 《크리스천투데이》, 2005.06.11.(http://www.christiantoday.co.kr/news/155254)

나누는 자가 행복하고 베풀면 기쁨이 배가 된다. 이 진리를 발견하지 못한 사람은 참으로 미련하다. 우리는 주는 것이 받는 것보다 복이 있다는 말씀을 명심해야 한다.

나는 모든 일에서 여러분에게 본을 보였습니다. 이렇게 힘써 일해서 약한 사람을 도와주는 것이 마땅합니다. 그리고 주는 것이 받는 것보다 더 복이 있다고, 주 예수님이 하신 말씀을 반드시 기억해야 합니다.

- 사도행전 20:35

우리가 거저 받았으니 거저 주어야 한다. 주린 자에게 음식을 주고, 목마른 자에게 음료를 주고, 헐벗은 자에게 의복을 주고, 병든 자에게 의약품을 주어야 한다. 사랑과 기쁨은 나눌수록 커지기 마련이다.

주어라, 그러면 너희도 받을 것이다. 누르고 흔들어 넘치게 부어 주실 것이다. 너희가 남에게 되질하여 주는 대로 되돌려 받을 것이다.

- 누가복음 6:38

청지기 정신으로 살면서 사사로운 욕심을 버리면, 누구나 참소유의 의미를 깨닫게 된다. 아울러 재물에 대한 참자유도 누릴 수 있다. 우리가 소유할 대상은 재물이 아니라 주님의 마음이다. 그때 우리는 인생의 참의미를 깨닫고, 지상에서 참행복을 찾아 누릴 것이다.

그러나 아직도 네게 한 가지 부족한 것이 있다. 너의 재산을 다 팔아 가난한 사람들에게 나눠 주어라. 그러면 네가 하늘의 보화를 얻을 것이다. 그리고 와서 나를 따르라.

- 누가복음 18:22

신정시대에 온전한 십일조를 성전에 바쳤듯이, 나눔을 위한 물질도 이웃을 위해 먼저 떼어놓아야 한다. 쓸 것 다 쓰고 남는 걸로 나누는 것이 아니라, 우선적으로 나눔을 실천해야 한다. 여윳돈으로 이웃을 돕겠다는 생각은 정말 어리석다. 계산하면 할수록 그런 여윳돈은 나오지 않을 것이다. 그는 평생 나눔을 실천하지 못한다.

마음만 먹지 말고 지금 당장 실천해야 한다. 하루나 이틀이 지나면 딴 생각이 들어오기 마련이다. 초대 교회의 아나니아와 삽비라 부부의 교훈을 기억하라. 우리의 생각은 사탄이 지배하기 일쑤이다.

그러므로 주님의 뜻은 즉시 실행에 옮겨야 안전하다. 아무리 심각한 말을 들어도 시간이 지나면 쉽게 잊어버리는 것이 우리의 심상이다. 한 번 마음을 먹었으면 돌아보지 말고 앞으로 나아가야 한다. 이것이 주님의 은혜요, 축복이다.

가난하고 힘없는 사람을 돌보면 복이 있다. 재난이 닥칠 때 주께서 구해주신다.

- 시편 41:1

5. 빛

1) 빚의 함정

오늘날 빚지지 않고 자력으로 예배당을 건축하는 교회는 거의 없다고 본다. 주님의 비유대로 먼저 앉아서 비용이 얼마나 드는지 따져보고, 순수하게 자기 돈으로 건축하는 경우가 극히 드물다는 말이다. 그렇다면 어떻게 하든지 시작한 공사는 마쳐야 하지 않겠는가? 그러다 보니 누구나 무리수를 둘 수밖에 없다.

교회당이 웅장하고 아름다우면 오가는 사람들이 먼저 찾아오기 마련이다. 그러면 헌금도 많이 나오고, 공사비도 갚을 수 있을 것이다. 이런 계산으로 너도나도 무리하게 예배당을 화려하게 짓고 꾸미게 된다.

이는 성경적이냐 아니냐를 떠나서 바람직하다고 볼 수는 없다. 하지만 현실적으로 모두가 그러니 어쩌겠는가? 지역 교회로서 공교회가 아니라 각개전투식의 개교회이니 말이다. 그래서 오늘날 교회는 종교인에 의한 종교 사업체라는 느낌마저 든다. 아무튼 성공하면 큰 교회 목회자로서 많은 돈을 받으며 떵떵거리며 살 수 있고, 실패하면 무능한 목회자로 낙인이 찍혀 호구지책을 걱정해야 한다.

그런데 그렇게 해서 교인도 늘어나고 헌금도 많이 나와 모든 것이 생각대로 착착 진행되면 오죽이나 좋겠는가마는, 요즘 신도시라든지, 그야말로 입지가 좋은 황금어장이 아니면 낭패를 보는 경우도 있다. 특히 공사비가 부족하여 부도가 날 경우에는 목사의 말만 믿고 빚보증을 선 교인들은 어디 하소연할 곳도 없다.

욕심이 잉태하면 죄를 낳고, 죄가 장성하면 죽음을 낳습니다.

- 야고보서 1:15

1990년대 중반쯤으로 기억된다. 고양시 구도심에 있던 교회가 예배당을 팔고 대출을 받아 신도시 안에 있는 종교 부지를 샀다. 거기서 천막을 치고 20명이 예배를 드리기 시작하였다. 얼마 후 교회당을 건축하기로 결의하고, 5명의 집사에게 장로가 되는 조건으로 5천만 원씩 헌금하라고 하였다. 고심 끝에 2명은 교회를 떠나고, 3명은 집을 팔거나 대출을 받아 헌금하고 장로가 되었다.

그렇게 마련한 돈으로 교회당 건축은 시작되었고, 지하 주차장에서 우선 강대상만 놓고 예배를 드렸다. 신도시 입주민들이 꾸역꾸역 몰려들었다. 목사 부부가 집집마다 찾아다니며 교인들에게 아파트를 담보로 돈을 빌려달라고 부탁하였다.

그때 아파트 값이 나날이 올라 추가 대출이 용이하였다. 교회당이 준공되는 즉시 교회 명의로 대출을 받아 갚겠다고 약속하였다. 교회당은 웅장한 모습을 드러내며 공사 중에 있었고, 사람들은 날마다 북새통을 이루었던바, 상당수 교인들이 그 말을 믿고 돈을 빌려주게 되었다. 그래서 교회당은 교인들의 빚으로 어렵사리 완공하게 되었고, 얼마 후 교인은 500명 이상으로 늘어났다.

그런데 아닌 밤중에 홍두깨라는 말처럼, 느닷없이 목사의 불륜이 드러나 교회가 소용돌이 속으로 빠져들었다. 먼저 장로들이 모여 숙의하고, 공동의회를 열어 목사의 회개를 조건으로 무조건 용서하기로 결의하였다. 하지만 목사가 끝내 거절함으로써 교인들은 하나씩 둘씩 떠나가기 시작하였다.

그러다가 결국 교회당은 이단 종파에 넘어가게 되었고, 대출을 받아 돈을 빌려준 교인들은 회수하지 못해 낭패를 볼 수밖에 없었다. 고등학교 교사였던 한 집사는 아파트를 담보로 8천만 원을 대출받아 빌려주었다가, 그 돈을 회수하지 못해 아파트도 날아가고, 학교까지 그만둔 채 이리저리 찾아다니며 고달픈 나날을 보내고 있었다. 그에게 남은 것은 서리집사에서 안수집사가 되었다는 직분밖에 없었다.

5천만 원씩 헌금하고 장로가 되었던 사람들은 뿔뿔이 흩어져 서로 안부조차 전하기 어렵게 되었으며, 그들 가운데 한 장로는 신도시에 남아 한창 부흥하는 어느 교회에서 근근이 주일예배만 드리고 있었다. 이들 부부는 그곳 원주민으로 어렵게 분양받은 31평형 아파트를 팔아 몽땅 헌금하고, 18평형 빌라를 월세로 얻어 살고 있었다. 그리고 생계를 위해 지하철역 한쪽에서 리어카를 끌고 다니며 포장마차를 하였다. 그가 그사이 있었던 얘기를 모두 마치고 푸념하듯 한마디 덧붙였다.

"이마저 단속반에게 뜯기는 게 많아서 쉽지가 않아요."

2) 빚의 상속

상속은 법적으로 고인의 재산을 승계받는 것이다. 부모가 사망하면 그 재산이 자식에게 상속된다. 재산이 빚보다 많을 때는 절차에 따라 법정상속이나 협의분할을 해야 한다. 재산과 빚이 얼마나 되는지 모를 때는 한정승인을 하고, 빚이 재산보다 많을 때는 상속을 포기해야 한다. 가만히 있으면 빚과 재산을 모두 떠안게 된다. 다행히 재산이 빚보다 많으면 괜찮지만, 아무도 모르는 빚이 드러날 경우 뜻하지 않은 낭패를 볼 수도 있다.

자식이 부모의 빚을 떠안는 연좌제를 방지하기 위해 여러 제도를 두고 있다. 유산의 범위 안에서 빚을 상속하겠다는 한정승인, 유산과 빚을 모두 포기하겠다는 상속포기가 그것이다. 절차에 따라서 법원에 신청해야 한다.

고인의 유산을 배우자와 자녀가 포기하더라도 손자손녀 등 그 후손까지 신청해야 하고, 직계존비속은 상속권이 미치므로 갓난아기까지 모두 신청해야 한다. 가끔씩 이를 원인으로 분쟁이 일어나기도 한다. 따라서 상속권자는 상속이 개시된 것을 안 날로부터 3개월 내 그 절차를 밟아야 한다.

아울러 고인이 미혼이거나 배우자와 자녀가 없을 경우에는 부모와 형제자매, 그 후손까지 상속권이 미치므로 가장 가까운 상속자는 한정승인을, 나머지 상속자는 상속포기를 신청해야 한다.

상속 순위는 고인의 직계비속과 배우자, 직계존속과 배우자, 직계존비속이 없을 경우에는 배우자 단독, 형제자매, 4촌 이내의 방계혈족이다. 따라서 상속을 포기하려면 4촌 혈족까지 신청해야 한다.

상속인은 태아, 이성동복 형제, 혼외자, 양자, 친양자, 양부모, 친양부모, 친생부모 등이며, 외국 국적의 상속인도 포함된다. 하지만 적모서자, 사실혼 배우자, 친양자를 보낸 친생부모, 이혼한 배우자 등은 상속인이 될 수 없다.

그리고 고인의 부동산이 어디에 얼마나 있는지 모를 경우에는, 지방자치단체의 지적 부서를 방문하여 '조상 땅 찾기 서비스'를 신청하여 확인하고, 은행예금이나 보험, 증권 등 금융거래의 조회는 금융감독원 소비자보호센터를 이용하면 된다.

그런데 문제는 개인에게 진 고인의 빚이 누구에게 얼마나 있는지 잘 모를 경우이다. 어느 날 갑자기 어떤 사람이 고인의 채권증서를 들고 나타나 빚을 갚으라고 할 수도 있다. 그러니 상속 개시 3개월 내 한정승인을 신청하여 받되, 모르는 채권자에 대해서는 한정승인을 받은 자신에게 채권을 신고하라고 2개월 이상의 기간을 정하여 일간신문에 공고해야 한다. 그리고 알고 있는 채권자에게는 내용증명으로 통지해야 한다.

유산을 상속받은 경우에는 상속세를 납부하는 것도 잊지 말아야 한다. 특히 그리스도인으로서 탈세 등의 문제가 발생할 경우, 주님의 영광을 가리게 된다는 사실을 명심하고 솔선수범해서 납부해야 한다.

> 우리가 하나님의 자녀라면 그 상속자로서, 그리스도와 공동 상속인이 되는 것입니다. 그러므로 우리가 그리스도와 함께 영광을 받으려면, 그분과 함께 고난도 받아야 합니다.
>
> — 로마서 8:17

3) 채무 조정

원칙적으로 자기가 진 빚은 자신이 벌어서 갚아야 한다. 하지만 불의의 사고나 뜻하지 않은 불운이나 불행 등으로 갑자기 많은 빚을 지고 도저히 갚을 수 없을 경우에는, 신용회복위원회의 도움을 받거나 법원의 개인회생, 파산 등의 절차를 밟아야 한다.

국가에서 다양한 채무조정 제도를 실시하고 있는바, 자신의 사정과 형편에 맞도록 잘 활용하면 된다. 하지만 국가의 도움으로 빚을 탕감받는 방식은 최후의 수단이 되어야 한다. 채무감면이나 탕감은 결국 국민의 세금으로 충당되는 것인바, 도덕적 해이가 초래되지 않도록 해야 한다.

특히 믿는 사람은 부득이한 경우에 한하여 채무조정을 받되, 도움을 받은 만큼 반드시 사회에 환원하겠다는 다짐으로 급한 불을 꺼야 한다. 일각의 양심이라도 거리낌이 있으면 신앙생활을 제대로 할 수가 없다.

학자금 대출과 사업자 대출, 주택담보 대출 등 얼마 전까지 정부에서 빚을 권장하기도 하였다. 사실 빚을 내서라도 부동산을 사기만 하면 떼돈이 굴러들어 오던 때가 있었다. 하지만 지금은 시대가 바뀌었고, 그 사정도 많이 달라졌다. 행운에 기대어 빚으로 투자할 생각은 아예 버려야 한다.

> 주인이 그를 가엾게 여겨 빚을 탕감해 주고 놓아 보냈다.
>
> — 마태복음 18:27

4) 빚 갚기

처음부터 수입의 범위 안에서만 쓰면 빚지지 않는다. 수입보다 지출이 많기 때문에 빚을 지는 것이다. 빗나간 투자나 사업 실패 등으로 빚을 질 수도 있지만, 어찌 되었건 빚은 사람을 너무 초라하게 만든다. 그 빚이 사람을 지배하기 때문이다.

> 부자는 가난한 자를 주관하고, 빚진 자는 채주의 종이 된다.
>
> — 잠언 22:7

부득이한 사정이 없는 한, 교회 안에서 빚을 주고받는 행위는 금해야 한다. 당사자뿐만 아니라 여러 사람을 실족케 할 수 있다. 돈 잃고, 사람 잃고, 믿음까지 잃는 모습을 우리 주변에서 자주 본다. 나중에 빚을 갚아도 서먹함을 피할 수가 없다. 그러니 여윳돈이 있으면 빚으로 주지 말고 그냥 도와주어야 한다.

피차 사랑의 빚 외에는, 아무에게든지 아무 빚도 지지 마라.

- 로마서 13:8

빚이 없을 때는 서로 호형호제하며 친하게 지내던 사람들이 전화 한 통마저 껄끄러운 상태로 변하게 된다. 그 채권채무가 인간관계까지 파괴하여 삭막하게 만드는 것이다. 사실 혈연가족이나 공동체 가족은 빌려주는 게 아니라 그냥 도와주어야 한다. 이를 사랑의 빚이라 한다.

자기 소유로 만족하는 사람은 세상에 아무도 없다. 적으면 적은 대로, 많으면 많은 대로 모두 부족함을 느낀다. 소유로 만족할 수 없다는 말이다. 사실 부요는 마음먹기에 달려 있다. 만족함이 없는 재물에 마음을 두지 말고, 오직 하나님께 마음을 두어야 한다. 그러면 가난 속에서도 풍요를 누릴 수 있다.

우리는 풍부한 물질을 오히려 경계해야 한다. '차라리 재물이 없었다면 하나님을 떠나지는 않았을 텐데' 하고 후회하는 소리를 가끔씩 듣는다. 유산 문제로 가족 간의 우애가 깨어지는 경우도 자주 본다. 사실 부유하고 넉넉함은 물질의 많고 적음에 있지 않다. 그것을 대하는 사람의 마음과 태도에 달려 있다.

지혜로운 자의 재물은 면류관이요, 미련한 자의 소유는 어리석은 화환이다.

- 잠언 14:24

제 2 편

교회 재정

靑山(청산)

청산혜요 아이무어(靑山兮要 我以無語)
창공혜요 아이무구(蒼空兮要 我以無垢)
요무애이 무증혜(聊無愛而 無憎兮)
여수여풍 이종아(如水如風 而終我)

청산혜요 아이무어(靑山兮要 我以無語)
창공혜요 아이무구(蒼空兮要 我以無垢)
요무노이 무석혜(聊無怒而 無惜兮)
여수여풍 이종아(如水如風 而終我)

푸른 산의 절개

청산은 나를 보고 말없이 살라 하고
창공은 나를 보고 티 없이 살라 하네.
사랑도 벗어놓고 미움도 벗어놓고
물같이 바람같이 살다가 가라 하네.

청산은 나를 보고 말없이 살라 하고
창공은 나를 보고 티 없이 살라하네.
성냄도 벗어놓고 탐욕도 벗어놓고
물같이 바람같이 살다가 가라 하네.

_ 나옹선사(懶翁禪師, 1320~1376)

1. 연보

1) 연보 정의

연보는 원칙적으로 예배와 관련이 없다. 그냥 순수한 마음으로 어려운 이웃을 돕는 것이다. 하나님께 예배를 드리며 감사를 표시할 수는 있지만, 그것도 굳이 돈과 연결시킬 필요는 없다. 영과 진리로 순수하게 예배하면 된다. 구약의 율법적 십일조와 헌금은 예수 그리스도의 십자가로 이미 마감되었다.

예물, 헌금, 헌물 등의 표현은 제단에서 제사를 드릴 때의 제물이라는 뜻으로, 하나님께 봉헌하는 것이다. 하지만 연보는 서로 모금하여 불우한 이웃을 돕는 것이다. 하나님께 바치는 헌금이 아니라, 교회의 필요에 따라 사용하는 구제와 나눔이다. 물론 교회도 주님의 몸을 이루는 유기체로서 신령한 권위를 가지고 있다.

연보는 거듭난 성도만이 참여하는 것이 원칙이다. 일찍이 마더 테레사[8]가 빈민촌 구제를 위해 불의한 사람의 후원금을 받았다가 사회의 지탄을 받은 적이 있다. 회개하지 않은 불신자는 연보의 가치를 모를 뿐만 아니라, 그냥 복 받을 요량으로 복채(卜債) 바치듯 하여 하나님의 영광을 가릴 수도 있다. 그는 자기 돈으로 하나님과 사람의 환심을

---

8) 마더 테레사(Mother Teresa, 1910~1997)는 마케도니아 노동자의 딸로 태어나 18세에 수녀가 되었으며, 38세에 '사랑의 선교회'를 설립하여 평생을 인도 빈민촌에서 선교와 자선을 하였는바, '빈민굴의 성녀'로 추앙을 받는다. 69세에 노벨 평화상을 받고, 87세에 심장병으로 세상을 떠났다.

살 수 있으며, 지상에서 물질 축복도 아울러 받을 수 있다고 생각한다.

따라서 목적이 순수하지 않은 사람의 연보나 후원은 아무리 돈이 궁해도 정중히 사양하는 것이 좋다. 무엇인가 이기적 목적으로 이용할 수 있기 때문이다. 하지만 오늘날 대부분의 교회가 바구니를 돌리며 마구잡이로 돈을 거두고 있다.

그것이 민망하여 어떤 사람이 교회당 입구에 헌금함을 놓고 자발적 연보로 바꾸었더니, 헌금액이 상당히 줄어들어 다시 바구니를 돌리게 되었다는 이야기도 있다. 이렇듯 돈을 마다하거나 인간적 체면을 무시할 사람은 없다. 하지만 그렇게 모금하는 방법을 하나님께서 가증히 여기신다는 사실만은 확실하다.

> 너희 수많은 제물이 나에게 무슨 소용이 있느냐? 이제 나는 너희가 수양이나 짐승의 기름으로 드리는 제물에 싫증이 났다. 나는 수송아지나 어린 양이나 수양의 피를 기뻐하지 않는다.
>
> – 이사야 1:11

2) 연보 방식

연보 시기나 방식은 따로 정해진 것이 없다. 필요에 따라 언제든지 자유롭게 실시하면 된다. 하지만 교회의 사정에 따라 일정한 시간이나 날을 정하여 하는 것이 바람직하다. 무슨 법이나 규정에 따라서 하는 연보는 없지만, 목적에 따라 정성껏 실시하여 사용하는 것이 좋다.

초대 교회는 매주 첫날에 정기적 또는 규칙적으로 연보를 하라고 권하였다. 시도 때도 없이 실시하지 말라는 뜻이었다. 오늘날 유럽이나 북미 교회는 대부분 매주 첫날에 한 봉투로 연보를 한다. 그러나 한국 교회는 집회마다 수십 가지 봉투를 비치해 놓고 연중무휴로 실시하기도 한다.

이런 연보 방식은 초대 교회 이후 2천 년 이상 이어지는 교회사에서 한국 개신교밖에 없다고 한다. 그래서 한국 교회는 기독교 역사상 전무후무하게 급성장을 이루었으나, 지금 그 부작용이 곳곳에서 터져 나오고 있다. 목회자의 재정 비리, 성직 매매, 성 문란, 교회 세습 등 온갖 부끄러운 모습이 적나라하게 드러나고 있다.

> 매주 첫날, 여러분은 저마다 수입에 따라 얼마씩 따로 저축하여 두십시오. 그래서 내가 갈 때 연보를 하지 않도록 하십시오.
>
> - 고린도전서 16:2

3) 연보 관행

안디옥 교회가 기근을 당한 예루살렘 교회를 돕기로 결의하고 자발적 연보를 실시하였다. 이렇듯 초대 교회는 유대 교회와 이방인 교회 간의 유대가 돈독하였고, 하나의 공동체라는 인식하에 서로 도와주기를 마다치 않았다. 그런데 오늘날 교회를 살펴보면 자괴감마저 든다.

> 성도들은 각자 힘이 닿는 대로 유대에 사는 형제들을 돕기로 결정하고, 연보금을 모아 바나바와 사울 편으로 예루살렘 교회의 장로들에게 보냈다.
>
> - 사도행전 11:29-30

개인 연보는 필요에 따라 정성껏 하면 된다. 바나바는 자기 밭을 팔아 사도들의 발 앞에 갖다 놓았고, 바울도 개인 자격으로 가난한 사람들을 돕기 위해 여러 차례 연보를 하였다.

> 또 그들은 우리에게 가난한 사람들을 돌보라고 부탁하였는데, 그 일은 내가
> 전부터 열심히 해오던 일이었습니다.
>
> — 갈라디아서 2:10

한국 교회에도 개인 연보가 있다. 교인이 임직할 때 내는 헌금이다. 임직은 교회에서 장로나 권사, 안수집사 등의 직분을 맡기는 의식이다. 대부분의 교회가 임직 때 무슨 명목을 붙여 헌금이나 헌물을 실시하는 바, 누구나 반강제적으로 부담할 수밖에 없는 구조다. 그러다 보니 아무리 능력이 있어도 자금 사정이 여의치 못한 사람은 스스로 임직을 포기하기도 한다.

교회 규모에 따라 약간의 차이는 있지만, 보통 수백만 원에서 수천만 원까지, 어느 교회는 억대까지 일괄적으로 모금을 실시한다. 이런 부조리하고 부패한 관행은 전 세계적으로 한국 개신교와 한인 교회에만 있다고 한다. 참으로 부끄럽고 안타까운 일이 아닐 수 없다.

> 공의로 다스리는 왕은 나라를 튼튼하게 하지만, 뇌물을 좋아하는 왕은 나라
> 를 망하게 한다.
>
> — 잠언 29:4

4) 연보 원칙

연보는 은밀하게 하는 것이 원칙이다. 하지만 현실은 체면 때문에 하거나, 남의 눈치를 보고 하거나, 직분에 맞춰서 억지로 하는 경우도 있다. 남에게 인정과 칭찬을 받으려는 생각은 사탄의 사주에서 비롯되는 것이다. 그 속임수에 넘어가지 말아야 한다.

교회에서 연보한 사람의 이름과 금액을 공개하는 것도 바람직하지 못하다. 주보 등에 명단을 공지하는 것도 보고나 통계를 위한 목적으로만 해야 한다. 그 외에는 세속적이고 기복적이며 인간적인 방법이다.

어떤 교회는 예배당 입구에 이름과 금액을 기재한 봉투를 비치해 놓고, 서로 경쟁을 시키듯 헌금을 부추기고 있다. 교인들은 저마다 그 봉투에 돈을 넣어 헌금한다. 이른바 십일조나 월정헌금, 주정헌금, 구역헌금, 선교헌금 등이다.

대부분의 교회가 주보에 헌금한 사람의 명단을 공개한다. 이를테면 십일조, 감사, 선교, 장학, 건축, 주정, 월정, 절기, 작정, 속죄, 축복, 일천번제 등, 그 명칭도 수십 가지나 된다. 이처럼 사람의 이름과 헌금액을 공개하는 것은 정말 비성경적이다. 은연중에 헌금을 많이 하라고 부추기는 의도가 있다.

돈이 아무리 궁해도 교회가 교인을 헌금하는 도구로 삼아서는 안 된다. 그렇게 길들여진 교인은 십중팔구 기복신앙의 나락으로 떨어지게 된다. 돈이나 헌금에 초연한 신앙인이 되어야 맘몬의 속박에서 벗어날 수 있고, 정의와 평화와 기쁨을 추구하는 하나님의 나라와 그 의를 이룰 수 있다.

> 너희는 남에게 보이려고 일부러 선한 일을 하지 않도록 조심하라. 그렇지 않으면 하늘에 계신 너희 아버지에게서 상을 받지 못한다.
>
> － 마태복음 6:1

5) 연보 자세

(1) 만물이 하나님의 소유임을 인정하고, 먼저 자신을 온전히 바쳐야 한다.

> 그들은 우리의 기대 이상으로 먼저 자신을 주님께 드리고, 또한 하나님의 뜻에 따라 우리에게도 헌신하였습니다.
>
> - 고린도후서 8:5

(2) 자원하는 마음으로 기쁘게 드려야 한다.

> 각자 마음에 정한 대로 하고, 아까워하거나 마지못해 하는 일이 없어야 합니다. 하나님께서는 기쁜 마음으로 내는 사람을 사랑하십니다.
>
> - 고린도후서 9:7

(3) 손수 벌어서 자신의 가족부터 돌보고 나서 드려야 한다.

> 누구든지 자기 친척, 특히 가족을 돌보지 않으면, 그는 믿음을 저버린 사람이요, 불신자보다 더 나쁜 사람입니다.
>
> - 디모데전서 5:8

오늘날 빚을 내서 헌금하는 사람들이 의외로 많다. 예배당을 건축한다고 교인들에게 작정헌금을 시키면, 직분과 체면 때문에 어쩔 수 없이 하게 된다. 더러는 대출을 받거나 가족이나 친지 등을 통해 빌린다. 그리고 그 빚을 갚지 못해 어려움을 겪기도 한다.

누구든지 자신의 능력 안에서 작정하고, 남에게 빚을 내서 헌금해서는 안 된다. 그렇게 헌금하여 빚을 졌다면 반드시 갚아야 한다. 남의 돈으로 헌금하여 내가 생색내고, 그 돈을 떼먹는 일이 있어서는 결코 안 된다.

혹시 다른 사람의 수준에 맞춰 어쩔 수 없이 무리하게 작정을 했다면, 그 실행을 무기한 연기해도 된다. 사실 체면 때문에 작정하고 나서 형편이 여의치 못해 헌금하지 못하는 사람도 부지기수이다. 그러니 사정이 나아질 때 헌금해도 죄가 되지 않는다. 하지만 성령의 감동으로 작정하고, 임의로 파기하거나 자기 생각대로 연기해서는 안 된다. 이는 성령을 속이는 죄가 된다.

교만한 사람에게는 수치가 따르지만, 겸손한 사람에게는 지혜가 따른다.

- 잠언 11:2

6) 연보 정신

연보는 무슨 규정에 따라 의무적으로 하는 게 아니라, 각자의 사정과 형편에 맞춰 믿음으로 자유롭게 하는 것이다. 구약의 십일조는 연보가 아니라 신정국가의 세금이었다. 그것이 레위인과 제사장의 생활비로 주어졌고, 각종 행사비와 구호품으로 사용되었다. 하나님께 바치는 제물이나 예물은 따로 있었다. 하지만 그것도 역사의 뒤안길로 사라진 지 오래되었다.

따라서 오늘날 헌금은 교회의 운영과 구제 등을 위하여 전혀 새로운 모습으로 자리매김하였다. 이제는 자기 형편에 따라 감사함으로 정성껏 하면 된다. 헌금은 복 받는 수단도 아니고 의무적 규정도 아니다. 자신이 속한 교회를 섬기는 하나의 방법일 뿐이다.

하나님께서는 우리가 바치는 헌금이 아니라 우리의 마음과 정성을 보신다. 우리의 사정과 형편을 어느 누구보다도 잘 알고 계시기 때문이다. 하지만 사람은 헌금으로 자신의 신앙과 믿음을 표현하려고 한다. 참으로 어리석고 못난 짓이다. 하나님을 자기 생각에 맞춰 타산적으로 보기 때문에 벌어지는 촌극이다.

오늘날 헌금은 믿음과 감사의 표현이다. 넉넉할 때만 하는 것이 아니라 구차할 때도 정성껏 해야 한다. 이런 믿음의 훈련을 쌓아야 한다. 사실 하나님께서는 즐겨 내는 사람을 기뻐하신다. 하지만 물질이 아니라 우리의 마음을 보신다. 이것을 명심해야 한다. 그래야 물질의 집착에서 벗어날 수 있다.

율법으로 제정된 십일조와 절기, 제사, 제물 등은 모두 폐기되었으나, 그에 따른 섬김과 공경의 정신은 여전히 살아 있다. 모든 것이 주님의 소유임을 인정하고 범사에 감사해야 한다. 주님의 은혜 아래 있는 우리는 십일조가 아니라 우리의 인생을 통째로 바치고 헌신해야 한다.

그럼에도 여전히 헌금을 복 받는 수단으로 가르치며 경쟁심까지 부추기는 사람들이 있다. 이른바 삯꾼들의 물질 놀음이다. 그들의 관심은 오직 웅장한 건물을 짓고 화려하게 치장하여 더욱 많은 교인을 끌어 모아 스스로 높아지려는 바벨탑에 있다.

그래서 그들은 교인의 헌금에 깊은 관심을 둔다. 액수에 따라 직분을 남발하고, 더욱 많은 돈을 바치라고 다그친다. 가난한 사람에게는 직분조차 주기를 꺼려하고, 은연중 자기 욕심을 채우려고 한다.

분명히 말하지만, 십일조를 비롯하여 이런저런 헌금을 복 받는 수단으로 여겨서는 안 된다. 이는 하나님을 기만하는 행위이다. 감사함으로 자원해서 정성껏 드리는 것이 진짜 헌금이다. 특히 구약성경에 기록된 몇 구절을 인용하여 협박하듯 바치라고 다그치는 것은 강도요, 도둑이다. 우리는 이 점을 확실히 알아야 한다.

> 그들은 다 넉넉한 가운데서 얼마씩 떼어 넣었으나, 이 과부는 가난한 가운데서도 자신의 생활비 전부를 바쳤다.
>
> - 마가복음 12:44

7) 연보 기쁨

하나님께서는 기쁨으로 연보하는 사람에게 풍성한 은혜를 주신다. 연보는 받으실 만한 향기로운 예물이요, 하나님을 기쁘시게 한다. 이는 하늘에 보화를 쌓는 일이다.

> 심는 사람에게 심을 씨와 먹을 양식을 공급하여 주시는 하나님께서, 여러분에게도 씨를 마련하여 주시고, 그것을 여러 갑절로 늘려 주시고, 여러분의 의의 열매를 증가시켜 주실 것입니다.
>
> - 고린도후서 9:10

지금도 여전히 교회당을 성전이라 일컬으며, 그곳에 하나님이 좌정하고 계시는바, 하나님께 드리는 헌금이 축복의 통로라고 가르치고, 심지어 온전한 십일조를 바쳐야 풍성한 복을 받는다고 우기는 사람들이 있다. 그래서 헌금은 복 받는 최고의 비결이 되었고, 하늘나라는 30배, 60배, 100배의 이자를 쳐주는 최고의 투자처가 되고 말았다.

어리석은 사람들은 기쁨으로 연보를 드리는 게 아니라, 마지못해 억지로 헌금을 바치기도 하고, 어느 때는 하나님의 저주를 피하기 위해,

또는 누르고 흔들어 넘치도록 돌려받겠다는 욕심으로 투자하고 있다. 사실 돈을 좋아하는 샀꾼들과 복을 좋아하는 투자자들에게 이보다 더 좋은 말씀은 없다.

> 사람이 하나님의 것을 도둑질할 수 있느냐? 그러나 너희는 나의 것을 도둑질 하고도, '우리가 어떻게 주의 것을 도둑질하였습니까?' 하고 말한다. 너희는 나에게 돌아올 십일조와 예물을 도둑질하였다. 너희 온 나라가 나의 것을 도 둑질하여 저주를 받았다. 너희는 온전한 십일조를 성전에 바쳐 내 집에 양식 이 있게 하고, 내가 하늘 문을 열어 쌓을 곳이 없도록 너희에게 복을 쏟아 붓 지 않나 시험해 보라.
>
> - 말라기 3:8-10

이는 약 2,500년 전, 자포자기에 빠진 성직자들을 향해 다그치신 말 씀이다. 북 왕국 이스라엘에 이어서 남 왕국 유다까지 멸망하고(BC 586), 유여곡절 끝에 포로 생활에서 귀환하여 제2성전을 완공하였으나 (BC 516), 그들의 믿음은 다시 침체하여 성전까지 황폐하게 되었던바(BC 430), 당시 성직자인 제사장과 레위인에게 분발하라고 심하게 책망하신 메시지이다.

그리고 약 450년이 지나서, 세례 요한의 회개 운동에 이어서 예수 그 리스도의 천국 복음이 선포되었고, 오순절 마가의 다락방에 강림하신 성령님에 의해 교회시대가 활짝 열렸으며, AD 70년 성전이 파괴됨과 아울러 성직자의 시대가 막을 내리게 되었던 것이다.

8) 연보 관리

연보 관리를 위해 적어도 3명 이상의 신실한 위원을 선임해야 한다. 초대 교회는 성령이 충만한 사람 7명을 선출하여 재정 관리를 맡겼다.

> 우리가 구제하느라고 하나님의 말씀을 전하는 일을 소홀히 하는 것은 바람직
> 하지 못합니다. 여러분 가운데 성령과 지혜가 충만하여 칭찬받는 사람 7명을
> 뽑으십시오. 그들에게 이 일을 맡기겠습니다.
>
> - 사도행전 6:2-3

교회 재정은 성령과 믿음이 충만한 사람이 맡아야 하며, 선한 관리자로서 주의와 의무를 다해야 한다. 회계는 즉시 처리하고 보고는 정기적으로 해야 한다. 하지만 대부분의 교회가 결산보고를 제대로 하지 않는다. 특히 개신교는 공공연히 분식회계를 일삼아 눈총을 받고 있다.

오늘날 교회의 대표적 분식회계가 목회자의 생활비다. 연간 지급액이 얼마나 되는지 아무도 모르게 만들어 놓았다. 모든 교인 앞에서 정직하게 공개해야 하지만, 정작 목회자는 스스로 자기 생활비를 숨기려고 한다. 겉으로는 적게 받고 검소하게 사는 척하며, 속으로는 챙길 건 다 챙기겠다는 속셈이 아닌가? 참으로 어리석고 못난 행동이다.

> 하나님께서 사람들의 마음을 지으시고, 그 행위를 일일이 지켜보고 계신다.
>
> - 시편 33:15

9) 연보 사용

교회 안에 있는 불우한 가족과 사회적으로 소외된 계층을 먼저 도와주어야 한다. 그리고 가난한 이웃을 돌보아야 한다.

> 의지할 곳 없는 과부들을 잘 보살펴주십시오.
>
> — 디모데전서 5:3

> 자기 이웃을 멸시하는 사람은 죄 짓는 자이며, 가난한 자를 불쌍히 여기는 사람은 복 있는 자이다.
>
> — 잠언 14:21

이제까지 교회에 침투한 삯꾼들로 인해 선량하고 양심적인 목회자와 성도들이 적잖은 피해를 입어 왔다. 모든 성도가 교회 재정에 관심을 갖고 적극 감시함으로써, 기존의 비리를 뿌리 뽑고 투명하게 운영되도록 노력해야 한다.

아울러 삯꾼들은 하나님과 사람 앞에서 솔직하게 회개하고, 부당하게 챙긴 것이 있으면 스스로 내어놓아야 한다. 여리고의 삭개오처럼 자진해서 4배로 보상하고, 재산의 절반을 가난한 사람들에게 나눠 주어야 한다. 그리하여 땅바닥에 떨어진 교회의 위상을 바로 세워야 한다.

> 주님, 보십시오. 제 소유의 절반을 가난한 사람들에게 나눠 주겠습니다. 또 제가 누구에게 강제로 빼앗은 것이 있으면 4배로 갚겠습니다.
>
> — 누가복음 19:8

2. 십일조

1) 십일조 역사

십일조는 수입의 1/10에 해당하는 세금이나 금품을 말한다. 이는 고대 사회의 조공에서 비롯되었으며, 이스라엘 국가의 세금으로 법제화되었다가, 오늘날 한국 개신교의 주요 수입원으로 자리매김하였다. 한국의 신라시대에도 1/10 조세 제도가 있었다.

성경에서 십일조는 4,000년 전 아브라함이 메소포타미아 왕들을 물리치고 얻은 전리품 중에서, 그 1/10을 살렘 왕에게 나눠준 것으로 시작한다. 이는 정복당한 나라가 정복한 나라에게 주는 조공의 성격이었다. 따라서 아브라함의 십일조는 그 시대의 관례에 따라 믿음으로 주었으며, 무슨 법이나 제도에 따른 의무적 사항은 아니었다.

이후 3,500년 전 모세의 율법으로 법제화하여, 땅에서 나는 모든 소산물의 십일조와 우양의 십일조를 국가 세금의 형태로 바치게 되었다. 이는 레위인의 생활비 1/10, 명절 행사비 1/10, 3년마다 구제비 1/10로 약 3/10쯤 되었으며, 이스라엘 백성은 누구나 지켜야 했다. 레위인은 그렇게 받은 십일조 가운데 다시 1/10을 구별하여 제사장의 생활비로 주었다.

이렇듯 구약의 십일조는 모든 생산물이 하나님의 은혜라는 신앙고백으로 언약 백성의 의무요, 충성과 헌신의 표시였다. 하나님의 법을 순종하는지에 대한 신앙의 잣대로 삼았으며, 십일조 규정을 지키면 복을 받고, 그렇지 않으면 망한다고 하였다.

따라서 십일조를 바치지 않으면 하나님의 백성이라는 신앙을 어기는 결과가 되었고, 심지어 하나님의 물건을 도적질한 것으로 간주하였다. 십일조를 속이거나 마지못해 억지로 드려도 그에 따른 책망과 벌을 받았다.

그러다가 BC 5세기, 이스라엘 백성은 주변 강대국의 침탈로 심각한 어려움을 겪었다. 성전이 황폐하고 백성의 신앙심도 침체하여 십일조 규정도 자연히 소홀하게 되었다. 따라서 백성들의 신앙심도 회복하고, 성전도 복구할 자금 조달의 필요성이 절실하였던바, 느헤미야와 말라기 등의 예언자가 일어나 온전한 십일조, 즉 3/10을 제대로 바치라고 강조하게 되었으며, 하나님께서 복을 주시는지 안 주시는지 시험하라고 하였다.

그리고 2,000년 전, 예수님 당시의 이스라엘 백성은 십일조에 대한 정신이 퇴색하였던바, '고르반(하나님께 드린 헌물)'을 선언한 후 그 일부만 바치고 나머지는 자기를 위해 사용하는 등, 십일조는 그야말로 가식과 위선으로 점철되어 있었다.

절기 때마다 소와 양, 비둘기 등을 파는 장사꾼들과 돈을 바꿔주는 환전상들이 성전에 가득 찼고, 제사장과 레위인은 그들과 결탁하여 거룩한 하나님의 성전을 강도의 소굴로 만들었다. 그래서 예수님이 그들을 심하게 책망하셨다.

> 율법학자들과 바리새파 사람들아, 너희 위선자들에게 화가 있을 것이다! 너희는 박하와 회향과 근채와 같은 십일조는 바치면서, 율법 가운데 더 중요한 정의와 자비와 믿음은 저버렸다. 이것도 소홀히 해서는 안 되지만 저것도 마땅히 지켜야 한다. 눈먼 인도자들아, 너희가 하루살이는 걸러내고 낙타는 통째로 삼키고 있다.
>
> - 마태복음 23:23-24

이후 AD 70년, 예수님의 말씀에 따라 돌 하나도 돌 위에 남지 않은 상태로 성전과 제단이 파괴되었던바, 약 3만 명에 이르는 레위인과 제사장도 자연히 역사의 무대에서 사라지게 되었으며, 이스라엘 백성이 그동안 바치던 십일조와 헌물의 규정도 박물관으로 들어가게 되었다. 그렇게 유대인의 5대 제사[9]와 7대 절기[10]가 모두 종식됨으로써, 그리스도 예수 안에서 모든 의식으로부터 희년의 자유가 선포되었던 것이다.

> 나는 자비를 원하고 제사를 원치 않으며, 불로 태워 바치는 번제보다 나를 아는 것을 원한다.
>
> - 호세아 6:6

사실 예수님이 십자가에 달려 자신의 몸으로 친히 완전하고 완벽한 제사를 단번에 드림으로써, 그 모형으로 존재하던 구약의 각종 제사와 행사, 그에 따른 모든 제물과 헌물은 영원히 사라지게 되었으며, 성전이 파괴됨과 아울러 레위인과 제사장의 성직자 역할도 역사의 무대에서 사라지게 되었던 것이다.

> 예수님은 다른 제사장들처럼 먼저 자기 죄를 위해 제물을 드리고, 날마다 백성의 죄를 위해 제물을 드릴 필요가 없습니다. 그는 자기 자신을 바쳐서 단번에 그 모든 일을 이루셨기 때문입니다.
>
> - 히브리서 7:27

---

9) 5대 제사는 번제, 소제, 화목제, 속죄제, 속건제를 말한다.
10) 7대 절기는 유월절, 무교절, 초실절, 오순절, 나팔절, 속죄일, 장막절을 말하며, 특히 유월절과 오순절, 장막절을 일컬어 유대인의 3대 절기라 한다.

2) 십일조 의무

구약의 십일조는 우선 가나안 땅에 들어가 분깃을 얻지 못한 레위인의 생활비로 주어졌다. 오늘날 정신으로 보면 생계 수단이 미약한 사람이나 장애인 등, 가난한 이웃을 도와주는 것으로 승화되었다고 볼 수 있다. 이로써 불운이나 불행 등으로 생활이 어려운 사람들과 다소 먹고 살 만한 사람들 간의 평준화를 꾀할 수 있다.

그런데 오늘날 십일조는 분명한 목적 없이 종교적 의무로 간주되어 용도에 관계없이 받아서 사용되고 있다. 최저 생계비에 못 미치는 사람에게도 10%를 받고, 엄청난 불로소득을 누리는 사람에게도 똑같이 10%를 받아 종교적 세금처럼 고착화되었다.

이는 세속적 기준으로 보아도 너무 불공평하다. 십일조를 신앙적 의무로 여기다 보니, 다소 부담이 되어도 억지로 바칠 수밖에 없고, 상당한 여유가 있어도 그만하면 되었다는 면피성 생각을 갖게 만들었다. 그러다 보니 더욱 중요한 감사와 자선에 대한 책임성까지 희석되고 말았다.

그러므로 십일조 정신을 회복하는 것이 무엇보다도 중요하다. 개인의 부를 가난한 이웃과 나눌 수 있도록 신앙적으로 가르쳐야 한다. 즉, 부자는 많이 내고 가난한 사람은 적게 내서, 사회적 소외 계층을 도와주는 자연스러운 분위기를 조성하는 것이다.

교회 운영을 위한 경상비는 헌금과 구분하여 월정회비 형태로 모든 교인이 동참하도록 유도하되, 각자의 소득에 비례하여 매월 정기적으로 내는 방식이 좋다. 물론 회비든 연보든 헌금이든, 그에 따른 결정은 각자의 사정과 형편에 맞춰 자발적으로 해야 한다. 그 어떠한 형태로든 돈에 부담을 갖게 해서는 안 된다.

교회는 믿음의 공동체이긴 하지만, 물질과 영성이 밀접하게 관련되어 있다. 재정을 운용하고 관리함에 있어 각자의 가치관과 원칙을 공유하면서, 보다 투명하게 공개하여 불신의 소지를 사전에 해소해야 한다.

> 나는 이레에 2번씩 금식하고, 내 모든 소득의 십일조를 바칩니다.
>
> — 누가복음 18:12

3) 십일조 실상

오늘날 교회는 십일조 헌금을 잘 내느냐, 안 내느냐의 여부로 그 신앙의 척도를 삼기도 한다. 어떤 교회는 아예 규정화하여 장로나 권사 등의 직분을 주는 기준으로 삼고 있다. 사람의 내면적 신앙심을 외관으로 판단하기 어려운 한계도 있지만, 사탄의 함정에 걸려들어 자기보다 더 악한 지옥 자식으로 만들고 있다.

어떤 사람은 이렇게 주장한다. '오늘날 십일조는 모세의 율법이 아니다. 그보다 훨씬 전에 아브라함이 살렘 왕 멜기세덱에게 믿음으로 십일조를 주었다. 따라서 복음적으로도 거리낌이 없다'.

물론 아주 틀린 말은 아니다. 하지만 아브라함이 주었던 십일조는 조공이나 세금의 성격이었다. 당시 주변 국가에 그러한 사례가 많았다. 그것이 모세의 율법으로 제도화되었다가, 성전이 파괴되면서 폐기되었던 것이다. 이는 예수님의 구속 사역이 완수된 결과물인바, 아무도 평계할 수 없다.

그러나 오늘날 교회의 입장으로는 어떻게 하든지 십일조를 받아야 운영이 된다. 그렇지 않으면 교회의 재정이 현저히 줄어들 수밖에 없다. 예수님 당시의 종교 지도자들이 기를 쓰고 예수님을 잡아 죽인 이유가 그들의 기득권 유지에 있었듯이, 오늘날 교회도 자기 밥그릇 유지에 양심을 내팽개치고 온갖 공갈과 협박까지 일삼고 있다.

지금도 여전히 십일조 규정이 유효하다고 주장하는 사람들은, 교회당을 성전이라고 주장하며 온갖 치장을 한다. 그리고 하나님의 집이라고 우기며 성전에 제물을 바치듯 헌금을 내라고 다그친다.

이들은 예수님이 흘리신 피를 무력화하고 돈에만 몰두하고 있다. 그런데 왜 레위인의 생활비 십일조만 강조하고, 행사비 십일조와 3년마다 바치던 구호비 십일조는 주장하지 않는지 그것도 의문이다. 조세 저항 때문에 그럴 것이다. 이것이 구약의 십일조가 아니라는 증거이다.

우리가 알다시피 지금은 만인제사장의 시대이다. 내가 제사장이요, 예언자이다. 그런데 누가 누구의 제사를 대신 드리고, 누가 누구에게 생활비를 줄 것인가? 성전과 제사, 제사를 주관하던 제사장과 레위인, 유대인의 절기와 행사까지 모두 없어진 마당에, 그에 따른 비용만 이역만리 한국 개신교에서만 계속 부담하라는 것은 어불성설이다.

초대 교회에서는 무슨 규정이나 누구의 강압에 의해서가 아니라, 스스로 전 재산을 팔아 사도들의 발 앞에 갖다 놓았으며, 자원하여 자기 재산의 절반을 가난한 사람들에게 나눠주기도 하였다. 이는 하나님께 바치는 헌금이 아니라, 교회의 필요에 따라 스스로 베푼 자선이었다.

이렇듯 의무적 십일조와 헌금은 성전시대의 제사와 함께 역사의 무대에서 영원히 사라지고 없다. 이제는 교회의 필요에 따라 자발적 연보를 통해 모금하거나, 가난한 이웃을 위한 구제에 동참하는 것이다.

> 가난한 사람에게 은혜를 베푸는 것은 주님께 꾸어드리는 것이니, 주님께서 그 선행을 넉넉하게 갚아주신다.
>
> - 잠언 19:17

4) 십일조 이용

초대 교회에서 지금까지 십일조 헌금을 드렸다는 기록은 그 어디에도 없다. 십일조는 이스라엘 국가의 세금으로서 레위인과 제사장의 생활비였다. 사실 제사와 절기 때 하나님께 바치던 제물과 헌물은 따로 있었다. 십일조는 하나님께 바치는 예물이 아니었던 것이다.

그런데 어찌하여 한국 개신교에서만 유독 십일조가 강조되어 왔는가? 이는 초창기 교회의 정착을 위한 자금 조달이 절실하였던바, 19세기 선교사와 지도자들이 한시적으로 십일조 헌금이라는 제도를 만들었던 것으로 짐작된다.

그럼에도 교회는 여전히 십일조를 강조하고 있으며, 온전히 바치지 않을 경우 그에 상응하는 손해나 저주를 받을 수 있다는 등, 그야말로 회유와 협박을 일삼으며 공포 분위기까지 조성하고 있다. 그러다 보니 신자들은 막연한 두려움에 사로잡히기도 하고, 더러는 하늘의 복을 받기 위한 수단으로 열심히 헌금을 바치고 있다.

사실 말라기 3장의 말씀을 문자대로 해석하여 강조하거나 협박할 경우, 십일조와 헌물을 제대로 바치지 않고 버틸 만한 강심장 종교인은 극히 드물 것이다.

> 사람이 하나님의 것을 훔치면 되겠느냐? 그런데도 너희는 나의 것을 훔치고서도 "우리가 주님의 무엇을 훔쳤습니까?" 하고 되묻는구나. 십일조와 헌물이 바로 그것이 아니냐!
>
> – 말라기 3:8

그러나 십일조 헌금은 한국 교회를 크게 부흥시키는 원동력이 되었다. 교회로서는 굳이 그만 내라고 할 이유가 없다. 돈 많은 사람이 믿음으로 십일조를 바친다면 참으로 좋은 일이 아닌가? 십의 일조가 아니라 십의 삼조 또는 그 이상을 바친다고 한들 무엇이 나쁘겠는가? 주님의 교회가 부흥하여 선한 영향력을 끼친다면 모두가 좋을 것이다.

백만장자 록펠러(John D. Rockefeller, 1839~1937)도 모친의 유언에 따라 철저한 십일조를 드렸으며, 온전한 십일조를 바치기 위해 40명의 직원을 두었다고 하지 않는가? 다만 기복적 수단으로 여기거나, 선무당의 조건부 복채(福債)처럼 여기지 말라는 것이다.

사실 세계 기독교 역사상 한국 교회만큼 급성장한 유례가 없다. 그것이 십일조 헌금이라는 실탄 덕분이라고 한다. 그러니 악덕 종교인만 없다면, 십일조가 교회를 부흥시키고 성장시키는 촉진제의 역할을 계속할 것이다. 하지만 그로부터 130년이 지난 한국 교회의 현실은 너무나 처참하게 바뀌었다. 교회의 부흥이 물질의 풍요를 낳았던바, 모든 교회가 맘몬의 우상을 섬김으로써 죽을병이 들고 만 것이다.

십일조 헌금으로 부자가 된 교회들은 저마다 예배당을 크게 짓고 치장하게 되었으며, 목회자들은 화려하고 웅장한 전당에서 스포트라이트를 받으며 하나님의 자리를 대신 차지하게 되었다. 목회자도 인간인바 동물적 본능을 그대로 가지고 있음은 두말할 나위도 없다.

그 틈새를 비집고 들어온 사탄이 목회자의 탐욕을 부추겨 황금만능주의에서 파생된 온갖 난치병을 낳게 만들었다. 이는 발락의 뇌물을 받고 이스라엘 백성에게 음란과 우상숭배를 퍼뜨린 거짓 예언자 발람의 술수와 같다.

그래서 지금 목회자의 치부와 비도덕성이 사회의 지탄이 되고 있으며, 공교회의 거룩성을 통째로 집어삼키고도 남을 정도가 되었다. 우선 세계 교회의 종파보다 더 많은 한국 교회의 교파를 보라! 참으로 한심한 교권 놀음이 아닌가? 하지만 그 배후에 십일조를 앞세운 맘몬의 우상이 웅크리고 있다는 사실을 아는 사람은 거의 없다.

이제부터라도 목회자는 십일조라는 비성경적이고 불법적인 헌금을 더 이상 이용하지 말아야 한다. 기쁨으로, 감사함으로, 자발적으로 교회의 연보에 동참하자고 솔직히 고백해야 한다. 비자금도 더 이상 조성하지 말고, 가난한 이웃과 어려운 교회를 위해 과감히 나눠 주어야 한다. 사실 교회 재정의 가장 큰 걸림돌은 돈을 제대로 사용할 줄 모르는 목회자이다.

한국 교회의 조기 정착을 위해 초기 지도자들이 한시적으로 만든 십일조 헌금을, 마치 만고불변의 성경적 법칙인 양, 물질의 복을 받는 비결인 양 가르치며 부추기지 말아야 한다. 그런 파렴치한 소리를 공공연히 하여도 서로 눈감아주던 시대는 이미 지나갔다. 계속 돈 욕심에만 사로잡혀 어리석은 신자들을 이용만 하려고 한다면, 한국 교회는 정말 망하고 말 것이다.

이제 부자 교회와 목회자는 더 이상 불필요한 돈을 긁어모으려 하지 말고, 과감하게 나눠 주는 모습을 보여야 한다. 재정도 나누고, 교인도 나누고, 일꾼도 나누고, 교회도 나눠야 한다. 이것이 오늘날 우리에게 주시는 주님의 지상명령이다.

지금 이 시간 주님의 심판대 앞에 서 있다고 생각해 보라! 내 돈, 내 교인, 내 사람, 내 교회라고 생각하며 움켜쥐고 있던 것이 얼마나 어리석은 일인지 여실히 드러날 것이다. 그때 가슴을 치고 후회해도 아무 소용이 없을 것이다. 오늘날 사람들은 어찌 한 치 앞도 내다보지 못하고 사는지 정말 안타깝다.

모든 교회가 하나라는 생각으로 부유한 교회는 가난한 교회를 돌보아야 한다. 파렴치한 세습 행위를 즉각 중단하고, 불법적으로 조성한 비자금을 모두 내어놓고 과감히 나눠 주어야 한다. 그래야 그나마 급격히 죽어가는 한국 교회의 목숨만은 부지할 수 있을 것이다. 하지만 탐욕에 찌들어 배타성에 푹 빠진 그들에게 무슨 희망을 걸어 보겠는가?

그럼에도 혹시, 부지중에 사탄의 유혹에 넘어간 부자 교회와 목회자가 있다면, 즉각 회개하고 돌이켜 주님의 품으로 돌아와야 한다. 그렇지 않으면 36,500일 안팎의 짧은 순례자 삶을 마치고 주님 앞에 설 때, 정말 크게 후회할 것이다.

이는 신실한 신자라면 누구나 자신 있게 선포할 수 있는 하나님의 경고이다. '맘몬에 사로잡힌 그들의 지옥행은 결코 피할 수 없을 것이다!'

> 흥겨운 음악으로 인생을 즐기던 네 영화도 끝나고, 이제는 네가 구더기를 깔고 지렁이를 담요처럼 덮게 되었구나!
>
> — 이사야 14:11

5) 십일조 인식

십일조의 의무 규정이 폐지되었다는 이유로 지금 당장 십일조 무용론을 주장하기도 너무 조심스럽다. 헌금에 대한 가치관이 바뀌지 않은 상태에서 무턱대고 십일조를 폐지하면, 오늘날 대부분의 개신교가 70% 이상에 달하는 예산을 어떻게 충당하겠는가? 하지만 그대로 두기에도 문제가 너무 많다. 연착륙시키는 방안을 모색해야 한다.

우선 십일조에 대한 교인의 인식을 바꿔야 한다. 의무적이고 부담스러운 규정에서 벗어나 감사함으로 정성껏 자원하여 바치는 믿음이 선행되어야 한다. 그럼에도 여전히 십일조 헌금의 의무적 부담을 강조하는 사람이 있다면, 그는 참으로 삯꾼이요, 도둑이다. 예수님의 죽음을 헛되이 만드는 꼴이다.

십일조가 교회 재정에서 아무리 큰 비중을 차지하여도 잘못된 관행을 솔직하게 인정하고 바로잡아야 한다. 이것이 선한 재정의 정의다. 헌금의 욕심을 채우려고 모른 체하는 것은 도둑놈의 심보다. 사실 십일조 헌금의 의무적 강요는 율법을 앞세운 은혜의 배역이요, 탐욕의 폭거요, 복음의 이단이다.

게다가 어떤 사람은 십일조를 많이 해야 복을 많이 받고, 감사헌금을 많이 내야 감사할 일이 많이 생긴다고 하면서, 은근히 협박조로 헌금을 강요하기도 한다. 언뜻 보면 대단한 믿음의 소유자로 보이고 선구적 신앙인처럼 보이지만, 그는 사사로운 욕심에 사로잡힌 거짓말쟁이요, 사기꾼이다. 십일조를 바치지 않으면 무슨 사고를 당한다고 겁박하거나, 이름 모를 병이 생겨 십일조 이상의 손해를 본다고 협박하는 인간도 있다. 그는 정말 돈벌레다.

또 어떤 사람은 헌금을 많이 해야 믿음이 좋고, 적게 하면 믿음이 적다고 사기를 친다. 어찌 보면 그것도 맞는 말처럼 들리지만, 위험천만한 발상이 아닐 수 없다. 스스로 청빈하게 살면서 안빈낙도하는 수도사들을 모욕하는 처사다. 그는 으레 돈을 받고 기도해 주거나, 교회의 직분을 돈 받고 팔기도 한다. 그리스도를 이용한 장사치다.

이러한 낯 뜨거운 모습은 오늘날 너무나 흔하여 기독교의 안티(Anti)를 양산하고 있다. 어쩌면 각개전투식의 교회가 살아남기 위한 발버둥일지 모른다. 자본주의 논리가 교회에 접목되면서 일부는 많은 부를 누리게 되었으나, 외관상 성장에 걸맞지 않게 복음적 이단아가 많이 생겨나 심각한 실정이다.

진정한 헌금은 바치는 것 자체가 축복이요, 감사요, 기쁨이다. 헌금을 많이 해야 많은 복을 받는다는 논리는 기복신앙의 산물이다. 기독교의 가르침이 결코 아니다. 후진국적 신앙에서 파생된 이단의 속임수다. 절대 속지 말아야 한다.

예나 지금이나 그리스도를 이용한 장사꾼이 교회에서 활개를 치고 있다. 협박성 강요에 못 이겨 억지로 바치거나, 받을 벌이 두려워 마지못해 바치거나, 체면이나 위신 때문에 어쩔 수 없이 바치는 헌금은, 하나님께서 받지도 않으실 뿐만 아니라, 오히려 가증히 여기시고 노여워하신다. 이 사실을 분명히 알아야 한다.

이제 사이비 종교인에게 더 이상 속지 말아야 한다. 사이비는 이단보다 더 지독한 사탄의 앞잡이요, 돈벌레다. 하나님께서 기뻐하시는 헌금은 자원하여 정성껏 드리는 감사의 예물이다. 강제적 의무감에서 내는 종교적 세금이 절대 아니다. 그런 것은 이 세상 어디에도 없다.

하나님께서는 어느 누구보다도 우리의 사정과 형편을 더 잘 알고 계신다. 헌금의 액수를 보시는 게 아니라, 우리의 믿음과 정성을 보신다. 십일조를 비롯하여 모든 헌금은 하나님을 사랑하고 이웃을 사랑하며, 주님의 교회를 사랑하는 마음에서 감사로 드려야 한다.

> 감사로 제사를 드리는 자가 나를 영화롭게 하나니, 자기 행실을 바르게 하는
> 자에게 내가 구원의 길을 보이리라.
>
> - 시편 50:23

6) 십일조 정신

십일조 정신은 십일조에 대한 의무적 부담이 아니라, 십일조에 내포된 하나님의 사랑과 마음을 알아야 한다는 말이다. 십일조 제도는 만물의 주인이신 하나님께 그 소유권을 인정하는 것에서 출발한다. 율법적 십일조도 단순히 1/10은 하나님의 것이고 9/10은 내 것인바, 내가 마음대로 사용해도 된다는 뜻이 아니었다.

십일조에 따른 교훈과 정신은 지금도 생생히 살아 있다. 성전과 제사, 절기, 제사장, 레위인 등은 사실상 예수 그리스도의 그림자요, 모형이었다. 그동안 희미하게 비치다가 예수님의 구속 사역으로 완성되거나 승화되었다.

옛 계명은 약하고 쓸모가 없어서 폐지되었습니다.

- 히브리서 7:18

이제 속죄의 원형이신 예수님이 그 모형인 성전을 역사의 박물관으로 옮겨 놓았다. 성전과 의식을 위해 만들어진 레위인의 십일조도 당연히 박물관으로 들어갔다. 오늘날 기독교는 유대교의 개혁 종파가 아니다. 이스라엘의 공직자를 위한 세금을 그리스도인의 헌금으로 더 이상 둔갑시키지 말아야 한다.

사실 교회가 십일조 정신은 아랑곳하지 않고 종교적 수단의 헌금으로 이용하여 편의에 따라 사용하는 것이 문제이다. 인자시대에도 대제사장의 수탈로 생계가 곤란해진 하급 제사장들이 호구지책의 일환으로 백성들에게 십일조에 대한 의무를 강조하였다. 그래서 십일조 정신은 망각하고 의무만 강조한 그들을 예수님이 크게 꾸짖었던 것이다.

눈먼 인도자들아, 너희가 하루살이는 걸러내고 낙타는 통째로 삼키는구나.

- 마태복음 23:24

7) 십일조 개선

우리가 소유한 물질만이 아니라 우리의 시간이나 재능, 생명까지 다 하나님의 것이다. 하나님께서 우리에게 맡겨 주신 물질을 주님을 위해 모두 사용해야 한다. 이는 하나님의 일꾼인 우리에게 당연지사다. 우리는 주님의 은혜로 값없이 의롭다 함을 받고 영원한 생명까지 보장받았다.

이제 우리는 우리를 위해 사는 게 아니라, 하나님의 나라와 그 의와 영광을 드러내기 위해 산다. 하나님이 주신 물질을 하나님의 뜻에 따라 사용하는 것은 하나님의 은혜에 대한 감사의 표시이다. 더 많은 물질을 받기 위한 수단으로 여기거나, 안 바치면 무슨 재앙을 당할지 모른다는 막연한 두려움에서 벗어나야 한다. 그럴 만한 믿음이 있어야 한다.

주술적이고 기복적인 성격의 헌금은, 일종의 뇌물이나 종교적 세금 또는 신앙적 투자이다. 진정한 헌금이 아니다. 하나님은 뇌물이나 투자를 결코 원치 않으시며, 종교적 세금을 가증히 여기신다. 감사와 기쁨, 헌신이 결여된 그 어떤 헌금도 받지 않으신다. 하나님의 뜻을 분명히 알아야 올바로 헌금할 수 있다.

모든 헌금은 하나님의 은혜에 대한 감사의 표시이다. 율법의 규정에 따라 의무적으로 드리는 헌금은 영원히 사라졌다. 주님을 사랑하고 이웃을 사랑하는 마음도 없이 복을 받기 위해 드리는 헌금은 미신 중의 상미신이다. 그럼에도 여전히 물질에 대한 인간의 욕심은 끝이 없다. 바닷물처럼 마시면 마실수록 더욱 갈증을 느낀다.

우리는 인생을 통째로 바치고 전적으로 헌신하는 일꾼이 되어야 한다. 수입의 1/10이 아니라 10/10을 몽땅 바치는 사람이 복이 있다. 의무적 십일조를 무력화시키고, 주님을 사랑하는 마음으로 자신을 통째로 바치는 인생이 정말 멋지다. 하지만 자신의 의지로는 불가능하다. 주님만이 모든 것을 하실 수 있다.

오늘날 십일조 헌금으로 한국 교회가 성장한 것은 자타가 인정하는 사실이다. 한때 재미를 톡톡히 본 것도 부인할 수 없다. 하지만 그에 따른 부작용을 이제 똑똑히 목도하고 있다. 인간은 등이 따뜻하고 배가 부르면 딴생각을 하게 된다. 비자금 조성, 성직 매매, 성추행, 교권 난립, 교회 세습 등도 알고 보면, 바로 그 돈, 십일조 때문이다. 십일조로 부를 축적하여 교회를 자식에게 통째로 물려주는 꼴이니, 참으로 어처구니없는 일이 아닌가?

그러므로 십일조에 대한 대안은 하나밖에 없다. 초대 교회의 연보 정신으로 돌아가는 것이다. 십의 일조든 십의 십조든 다 받되, 연보 취지에 따라 믿음으로 바치게 하고, 올바로 떳떳하게 사용하라는 것이다. 은근슬쩍 받아서 아무도 모르게 쌓아 두지 말라는 것이다. 사실 교회는 연보나 모금, 후원 등을 필요로 한다.

오늘날 회중교회와 같이 헌금 없는 예배와 사례 없는 사역을 공식적으로 선포하고, 감사함으로 자원하여, 기쁨으로 연보와 모금에 참여토록 해야 한다. 그때 비로소 주님의 참사랑과 은혜를 맛보고 누릴 수 있다. 반강제적, 의무적, 기복적 헌금의 부작용을 일소해야 한다. 그렇지 않으면 서구의 개신교처럼 한국의 개신교도 머지않아 몰락하고 말 것이다.

교회의 재정은 반드시 하나님의 선하신 뜻에 따라 모금하고 사용해야 한다. 어느 누구를 막론하고 사사로이 사용해서는 안 된다. 이미 쌓아 놓은 비자금은 가난한 교회와 불우한 이웃을 위해 모두 나눠 주어야 한다. 그래야 청빈한 목회자와 깨끗한 교회로 거듭날 수 있고, 교회를 세습하는 개신교 무당이 사라지게 된다. 사실 부자 교회, 부자 목사라는 말을 듣는 것보다 더 수치스러운 일도 없다.

거짓말을 하고 미련하게 사는 사람보다는, 가난해도 흠 없이 사는 사람이 낫다.

- 잠언 19:1

8) 십일조 이해

예수님도 십일조에 대해 언급하신 적이 있지만, 무슨 규정에 따라 십일조를 계속 바치라는 뜻으로 말씀하신 것이 아니다. 당시 시시콜콜한 온갖 규정까지 만들어 백성에게 짐만 지우던 종교 지도자들에게 헌금의 본질을 일깨워 주려고 말씀하셨다. 즉, 푸성귀같이 하찮은 십일조는 규정에 따라 바치면서, 율법의 더욱 중한 바인 정의와 자비와 믿음은 저버렸다고 책망하신 것이다.

게다가 성전은 예수님의 사후에도 40년 이상 존속하면서 십일조를 비롯하여 모든 제물이 제단을 통해 바쳐졌다. 하지만 예수님의 말씀에 따라 얼마 후 역사의 무대에서 영원히 사라지고 말았다.

그러므로 아들이 너희를 자유롭게 하면, 너희는 참으로 자유롭게 될 것이다.

- 요한복음 8:36

아울러 십일조와 이런저런 예물에 대한 규정도 성전과 함께 사라졌다. 이 사실을 우리는 분명히 알아야 한다. 그래야 주님의 십자가를 통한 풍성한 은혜를 맛보고 누릴 수 있다. 사실 의무적 헌금에 짓눌려 살아가는 사람만큼 불쌍하고 가련한 종교인도 없다.

이제는 그리스도 예수에 의해 은혜의 해, 곧 희년이 만인에게 선포되었다. 모든 의식과 속박으로부터 완전히 벗어나 해방되었다. 아울러 십일조와 헌금의 부담도 깨끗이 사라졌다. 하지만 사사로운 욕심에 사로잡혀 수입의 10%도 이웃을 위해 사용하지 못하는 사람보다는, 무엇에 짓눌려 억지로라도 십일조 헌금을 하는 사람이 자신을 위해 나을지도 모른다. 이는 정말 서글픈 일이다.

> 주님의 영이 내게 내리셨다. 주께서 내게 기름을 부어 가난한 자들에게 복음을 전하게 하시고, 주께서 나를 보내 포로 된 자들에게 해방을 선포하고, 눈 먼 자들을 보게 하고, 억눌린 자들에게 자유를 주며, 주님의 은혜의 해를 선포하게 하셨다.
>
> — 누가복음 4:18-19

9) 십일조 대안

교회의 운영을 위한 비용도 성도들의 소득 수준에 따라서, 또 각자의 믿음에 따라서 월정회비나 주정헌금 등의 방식으로 자율적으로 정하는 것이 바람직하다. 이로써 자본주의의 고질적 병폐인 부의 편중이 교회 안에서나마 어느 정도 해소되고, 소득의 재분배가 이루어지게 된다.

이는 낡아빠진 공산주의 이론이 아니다. 공동체 생활의 평준화를 위한 주님의 지극하신 사랑이다. 십일조 헌금을 만고불변의 진리인 양 여기고, 예수 그리스도의 죽음을 헛되이 만들어서는 정말 안 된다. 율법을 이용한 미신이요, 종교를 이용한 착취다.

고대 한국의 신라시대에도 십일조 제도가 있었던 것으로 짐작된다. 그 의미는 다소 다르지만 오늘날 1/10에 해당하는 부가가치세도 비슷한 취지이다. 21세기 한국에서 5세기 신라시대의 조세 제도를 그대로 지키자고 주장할 수 없듯이, 21세기 교회에서 주전 15세기 이스라엘 백성의 조세 제도를 헌금으로 끌어와 사용해서는 안 된다.

우리는 헌금 없는 예배와 사례 없는 사역을 실현해야 한다. 이를 제대로 받아들인다면 정말 이상적인 교회가 된다. 하나님과 맘몬이 함께할 수 없듯이, 교회와 돈은 물과 기름같이 이질적이다. 자본주의 세상에서 불가불 함께하는 돈이지만, 언젠가는 결별의 날이 올 것이다. 그때 주님의 영원한 나라가 이 땅에 드러나게 된다. 이제 더 이상 하나님의 자녀들을 교회당에 가둬 놓고 헌금의 도구로 삼지 말아야 한다.

참다운 주님의 교회는 헌금에 집착하지 않는다. 주님의 친구는 모두가 빚쟁이요, 장애인이요, 가난한 사람들이었다. 헌금 없이 교회를 섬기는 것은 너무나 자연스러운 일이다. 무엇인가에 짓눌려 억지로 십일조를 내는 사람의 믿음보다, 아예 십일조를 모르는 사람의 믿음이 얼마나 더 소중한지 모른다.

일찍이 성전이 파괴되면서 하나님께 바치는 봉헌의 의미는 사라졌지만, 교회의 운영을 위한 필요 경비는 각자의 형편에 따라 자연스럽게 부담해야 한다. 사실 십일조는 성전의 운영비가 아니라 성직자의 생활비였다. 공적 예배를 드릴 때는 가난한 이웃을 먼저 생각하는 마음이 있어야 한다.

예배는 하나님께 드리는 것이므로 감사의 표시는 당연하다고 본다. 하나님은 우리 최초의 아버지이시다. 우리 바로 위의 아버지를 찾아뵐 때도 선물이나 용돈을 준비하지 않는가? 마찬가지로 맨 처음의 아버지께 감사를 표시하는 것은 너무나 자연스럽다.

교회는 지상에 존재하는 실물 공동체이자 하나님의 나라를 추구하는 영적 공동체이다. 물질과 영성이 밀접하게 관련되어 있다. 그리스도 예수 안에서 착한 재정에 대한 원칙과 가치관을 정립하는 것이 무엇보다도 중요하다.

모든 헌금은 각자의 사정과 형편에 맞춰 정성껏 감사함으로 드려야 한다. 율법의 규정에 따라 의무적으로 드리는 헌금은 사라졌지만, 모든 물질의 주인이 하나님이라는 사실만은 반드시 명심해야 한다. 그래야 청지기 정신을 지켜 나갈 수 있다.

사실 모든 물질의 소유권은 창조주 하나님께 있다. 각자의 사정에 따라 1/10이 아니라 10/10도 바칠 수 있는가 하면, 사정이 어려우면 1/100이라도 정성껏 드리면 된다. 예나 지금이나 악덕 종교인이 십일조를 받아 치부하거나 악용하는 것이 문제다. 십일조의 정신만은 신앙의 척도가 될 만한 가치가 있다.

그러므로 교회의 재정은 가장 먼저 공동체 안에 있는 어려운 가족을 위해 나눠야 하고, 교회 밖에 있는 가난한 이웃을 위해서도 아낌없이 도와야 한다.

교회는 그리스도의 몸이며, 만물을 완성하시는 분의 계획이 그 안에서 완전히 이루어집니다.

- 에베소서 1:23

3. 생활비

1) 기본급

사역자의 생활비는 노동자의 월급도 아니고 강사의 사례금도 아니다. 그 가족의 생계를 위한 기본급이다. 교회의 사정에 따라 적절히 지급해야 한다. 교회가 부자라고 너무 많이 지급해서도 안 되고, 가난하다고 너무 적게 지급해서도 안 된다.

모든 사역자의 생활비는 전 교인의 평균 수입에 비례하여 지급하고 헌신하도록 해야 한다. 보건복지부가 정한 최저 생계비에서 중위권 평균 수입액 사이에서 정하면 가장 좋다. 그래야 목자와 삯꾼을 가려낼 수 있고, 사역자로서 자부심도 가질 수 있다. 다만 사역자의 가정에 장기 질환자나 노약자 등이 있을 때는 생계에 어려움이 없도록 각별히 배려해야 한다.

교회가 사역자에게 지급하는 생활비도 근로기준법 등에 따라야 한다. 교회의 재산은 총유로서 특정인의 소유가 아니다. 사역자에 따라 달리 운영하면 혼란이 초래된다. 반드시 법과 규정에 따라 공교회로서 보편성을 지켜 나가야 한다. 그래야 누가 부임하든 원만한 사역이 가능하다. 위인설관식의 생활비 계약이나 교회의 운영은 절대 금물이다.

부교역자나 관리집사, 행정직원 등의 생활비도 교회의 형편에 맞게 계약하고 지급해야 한다. 누구나 주님의 소명에 따라 부름받은 사역자로서, 단순히 일한 만큼의 대가만 주고받는다고 생각지 말아야 한다. 사역자는 봉사와 충성, 헌신이라는 사명의식이 있어야 한다.

신실하고 슬기로운 종이 되어, 주인이 맡긴 그 집 사람들에게 제때 양식을 나눠 줄 자가 누구냐?

- 마태복음 24:45

2) 예산 책정

사역자의 생활비는 전체 교인의 생활 수준에 맞춰 평균치로 책정하면 가장 무난하다. 물론 특별한 사정이 있을 때는 감안해야 한다. 노부모 봉양이나 자녀 학자금 등 생활비 외에 목돈이 필요한지도 살펴보아야 한다. 생활비 부족으로 사역에 틈이 생기지 않도록 세심한 주의를 기울일 필요가 있다. 교회의 사정이 어려울 때는 자비량 목회자나 이중직 목회자를 청빙하는 것이 좋다.

큰 교회 사역자는 일을 많이 하므로 많은 봉급을 받아야 한다는 주장은 자본주의 논리로서 일고의 가치도 없다. 우리가 잘 알거니와 교회는 기업체가 아니다. 이윤이나 능률의 극대화를 추구하지 않는다. 오히려 나눠 주고 베푸는 기관이다.

도시나 농촌의 일꾼, 큰 교회나 작은 교회의 사역자, 관리집사나 담임 목사가 다 주님 앞에서 평등하다. 하루 3끼 먹고 잠자고 일하며 살아간다. 사실 자신의 모든 것을 바쳐서 종신토록 충성하고 봉사하는 일꾼은 스포트라이트를 받지 않는다. 그래서 세상에 잘 드러나지 않는다.

교회의 일꾼은 누구나 나름대로 주님의 소명을 받고 헌신한다. 단순한 논리로 능력이 없으니 작은 교회를 섬길 수밖에 없고, 생활비도 적게 받아야 하며, 고된 일을 해야 한다고 생각하면 안 된다. 하나님의 일에는 빈부귀천이 있을 수 없다.

사람을 차별하여 악한 생각으로 판단한 셈이 되지 않습니까?

- 야고보서 2:4

3) 적정 생계비

2019년 기준 차상위 소득인증액은 1인 83만 원, 2인 142만 원, 3인 184만 원, 4인 225만 원이고, 중위소득은 1인 170만 원, 2인 290만 원, 3인 376만 원, 4인 461만 원이다. 따라서 사역자 가족이 2인일 경우 생활비는 최저 142만 원에서 최고 290만 원이 된다. 이 범위 안에서 전체 교인의 평균치 수입액을 고려하여 생활비를 정해야 한다. 주님의 일꾼은 돈을 보고 일하는 게 아니라 소명을 받고 일하는바, 봉급의 액수를 따지는 것은 수치스러운 일이다.

교인의 평균 수입을 산출할 때도, 우선 최고 구간 10%와 최저 구간 10%를 제외하는 것이 좋다. 교인 가운데는 기초생활수급비로 근근이 살아가는 사람도 있고, 대기업 CEO도 있을 수 있기 때문이다.

따라서 10%에서 90% 사이의 교인 평균 수입을 기준하되, 보건복지부가 정한 차상위 소득인증액과 중위소득 사이에 들면 그것으로 생활비를 정하면 된다. 그런데 전체 교인의 평균 수입액이 그 기준에 미달하면 차상위 소득인증액으로, 초과하면 중위소득으로 맞춰야 한다. 그러면 가장 적정한 생활비가 된다.

제가 속이고 거짓말하지 않도록 도우시며, 저를 가난하게도 마시고 부하게도 마시며, 오직 필요한 양식만을 주십시오.

- 잠언 30:8

4) 활동비 지급

기본급은 최소한의 생활비로서 사역자와 그 가족의 생계를 위한 것이다. 원활한 사역을 위해 적당한 활동비도 필요하다. 시시콜콜하고 사사로운 개인의 욕구를 채우기 위해 법인카드를 남발하는 것이 문제이지, 꼭 필요한 활동비는 주님의 영광을 드러낸다. 반드시 영수증을 첨부하여 엄격한 감사를 받게 함으로써, 도덕적 해이가 발생하지 않도록 해야 한다.

선교비와 구제비, 경조금 등의 예산도 책정하여 사역자의 대외 활동에 지장이 없도록 해야 한다. 물론 생활비와 경상비 외의 예산은 보다 엄격한 집행과 감사를 받도록 하여 불필요한 낭비를 방지해야 한다. 사역자도 자본주의 사회에서 살아가는 사람인바, 제도적으로 깨끗한 생활이 뒷받침돼야 한다.

교인 가운데 수입이 기초생활비에도 미치지 못하는 사람이 있으면 먼저 도와주어야 한다. 2019년 기초생활비는 1인 51만 원, 2인 87만 원, 3인 112만 원, 4인 138만 원이다. 교인은 물론이고, 교회 밖의 이웃과 다른 민족까지 가능한 범위 안에서 도와주어야 한다. 특히 제도적으로 도움의 손길이 미치지 않는 복지 사각지대에 놓인 사람이 없는지 유심히 살펴보아야 한다.

예산과 결산, 감사와 보고 등의 감독 기능을 소홀히 하는 교회는 어딘가 모르게 문제가 있기 마련이다. 사역자를 비롯하여 관련 직원의 타락을 방조하는 결과를 초래하게 된다. 사역자의 견물생심을 미연에 방지하고, 그 활동 범위와 한도액을 엄격히 정하여 투명성을 제고해야 한다.

하나님의 은사와 부르심에는 후회하심이 없다.

— 로마서 11:29

5) 복지 후생비

사역자의 상여금 제도도 필요하다. 대기업 임원이나 공무원들처럼 넉넉하게 지급할 수는 없어도, 교회의 사정에 따라 연간 200%에서 400%쯤은 되어야 한다. 분기별로 50%나 100%로 나눠서 지급하면 된다. 거듭 말하지만 사역자가 기업체 사장과 같이 많은 봉급을 받는 것은 하나님과 사람 앞에서 정말 부끄러운 일이다. 그야말로 과유불급이다.

천주교의 사제와 수녀가 100만 원 안팎의 생활비를 받는다는 사실을 감안할 때, 개신교 목사나 전도사의 생활비가 결코 적은 돈이 아니다. 어쩌면 너무 호강한다고 볼 수 있다. 사실 어느 사제가 받는 생활비를 보니, 총 100만 원에 퇴직금 10만 원, 소득세와 갑근세 등으로 5만 원을 공제하고, 80여만 원을 수령하였다. 주님의 종으로서 독신자라면 이 정도가 가장 적절하다고 본다.

사역자의 호봉제를 도입하여 사기를 앙양하는 것도 중요하다. 사역자도 자본주의 사회에서 살아가는 사람인바, 알뜰하게 살면서 어느 정도 저축하는 재미가 있어야 한다. 적당한 휴가와 휴식으로 삶의 질을 높이는 재충전의 시간도 필요하다.

매년 물가상승률을 감안하여 생활비도 인상해야 한다. 고정된 급여는 사역자의 의욕을 상실시키고 일의 능률을 저하시킨다. 사역자도 인간인바 노후를 준비해야 하고, 저녁 있는 삶을 가져야 한다. 교회의 수입이 늘어나는 대로 사역자의 급여도 적당히 올려주어야 한다.

사역자의 자녀 학자금이나 예기치 않은 사건이나 사고 등으로 목돈이 들어갈 경우에는 특별 모금을 실시하여 도와주어야 한다. 하지만 사역자가 스스로 감당할 수 있을 정도라면 교회가 간여하지 않아도 된다. 필요 시 개인별로 위로금이나 격려금을 전달하면 된다.

교회가 스스로 감당할 수 없을 정도의 비용에 대비하여, 화재보험이나 불특정다수를 대상으로 하는 상해보험 등에 들어 놓는 것도 잊지 말아야 한다.

여호와는 나의 목자시니 내가 부족함이 없으리라.

- 시편 23:1

6) 퇴직금 준비

사역자가 안심하고 장기 근속할 수 있도록 퇴직금과 연금 등도 교회가 준비해야 한다. 교단이나 연합회 차원의 별도 제도가 있을 때는 그에 따르면 되지만, 대책 없이 사역자가 퇴직하여 어려움을 겪는 일이 없도록 해야 한다. 가능하면 국가에서 시행하는 복지나 연금 제도를 준용하면 좋다.

보통 20년 이상 근속하고 정년을 맞아 퇴직한 사역자에게는 종신토록 사택을 제공하고, 매월 기본급을 지급하며, 본인 부담 병원비를 교회에서 책임지는 정도가 바람직하다. 활동비 명목으로 교회 카드를 제공거나, 다른 무슨 명목으로 돈을 지급하는 것은 도덕적 해이를 초래할 수 있다. 명예롭게 퇴직한 사역자를 오히려 욕되게 만들 수도 있다.

어떤 목회자는 은퇴한 후에도 연간 수억 원의 생활비를 받고, 활동비 명목으로 법인카드를 가지고 다니며 물 쓰듯 펑펑 쓰고, 해외연수니 뭐니 하면서 밖으로 싸돌아다니며 골프도 치고, 그야말로 별의 별짓을 다 한다고 한다. 비즈니스 차원에서 영업하는 대기업의 임원과 똑같은 흉내를 내고 있다. 그들은 주님의 눈길을 의식하지 못할 정도로 심각하게 타락하였다.

그러므로 무엇을 먹을까 무엇을 마실까, 또 무엇을 입을까 하고 걱정하지 마라.

- 마태복음 6:31

7) 평준화 방안

모든 사역자의 생계비를 교회가 책임지고 지급하되, 반드시 기준을 정하고 한도액을 두어서 도덕적 해이를 방지해야 한다. 아무리 큰 교회도 생활비와 활동비 등을 합하여 연간 5천만 원 이상을 지급하는 건 무리라고 본다. 가능한 한 사역자의 생활비에도 연봉제를 도입함으로써 분식회계의 오해를 불식시켜야 한다.

호구지책에 시달리는 농어촌교회 사역자를 위해 교단이나 연합기구 차원의 지원책도 마련해야 한다. 도시의 큰 교회가 농어촌의 작은 교회에 사역자를 파송하여 돕는 방법도 좋다고 본다. 지금 당장은 어려울 것 같아도 공론화되면 시행할 수도 있을 것이다.

아울러 부자 교회 사역자와 빈자 교회 사역자의 생활비 불균형을 해소하는 방법도 강구해야 한다. 오래전 한 교단에서 시도한 적이 있다고 들었으나, 실제로 결실하였다는 말은 들어 보지 못했다. 빈익빈 부익부 현상을 해소하고, 큰 교회와 작은 교회의 불평등 해소에 지혜를 모아야 한다. 큰 교회가 조금만 관심을 가지면 얼마든지 작은 교회를 도울 수 있다.

먼저 한국 교회 연합기구나 시군구 연합회에서 모든 교회가 공교회라는 보편적 인식을 가져야 한다. 내 교회, 내 교단이라는 생각이 들어가는 순간, 사탄이 이기적 욕심을 부추겨 일을 그르치게 한다. 공교회와 보편교회, 사역자 간의 위화감 해소를 위해 어느 정도의 희생은 감수해야 그 해답을 찾을 수 있다. 한국 교회 지도자들의 사고방식이 개선되기를 기대한다.

담임 목사와 부교역자, 관리집사, 행정직원, 청소원 등의 차별도 철폐되어야 한다. 목회자가 일반 사역자보다 생활비를 더 많이 받아야 한다는 생각은 관료주의에서 비롯되었다. 한국 교회의 고질적 병폐인 교인 숫자에 비례한 우선주의와 물량주의 폐단도 하루속히 청산되어야 한다. 교회 안에 박힌 자본주의와 권위주의 뿌리를 뽑아내어야 평준화 방안을 찾을 수 있다.

목회자 청빙 시에는 반드시 생활비 한도액을 제시하여 부질없는 다툼을 사전에 차단해야 한다. 목회자 생활비로 매년 왈가왈부하는 모습은 결코 교회에 도움이 되질 않는다. 가능하다면 아예 자비량 목회자를 청빙하는 것이 가장 좋다. 물론 생활에 어려움이 없어야 한다.

아울러 목회자의 이중직도 전면적으로 허용해야 한다. 2014년 통계에 의하면 목회자 74%가 찬성하였으며, 실제로 37%의 목회자가 다른 일을 겸하여 하고 있었다.

어찌 나와 바나바만 일하지 않고 먹을 권리가 없겠습니까?

- 고린도전서 9:6

8) 노후 생활비

목회자의 노후 생활비(연금 또는 은급)는 공교회의 원리에 따라 한국 교회가 다 같이 부담하고, 연금공단 형태로 제도화시켜 운영하는 것이 가장 바람직하다. 그것이 어려우면 차선책으로 교단이나 단체, 또는 지역별로 시행하고, 그것도 어려우면 천상 개교회가 준비해야 한다.

교회별로 연간 예산에 따라 큰 교회는 많이 내고 작은 교회는 적게 내는 방식으로 공단이 일괄 징수하여, 일정한 연령부터 모든 목회자가 가급적 공평하게 연금을 수령하는 방법을 강구해야 한다.

예컨대 사역자의 생활비에서 10%, 교회의 연간 예산에서 1%를 원천 징수하여 공단에 납부하고, 공단이 정한 기준에 따라 연금을 지급하는 상호부조의 제도를 인용하면 좋을 것이다. 아울러 목회자와 교회가 납부한 금액과 횟수, 연금 수령자의 나이와 기간 등은 공무원연금공단이나 국민연금공단의 규정과 방법을 준용하면 된다.

주님의 교회 사역자는 부귀영화를 누리며 호의호식하고 사는 것보다, 움막에서 청빈하게 살면서 자긍심을 갖고 명예를 지키는 편이 훨씬 더 낫다. 이는 마지막 날 심판대 앞에 설 때 확연히 드러날 것이다. 그때 부자로 살다가 죽은 사역자가 가슴을 치며 후회하는 모습을 모든 사람이 보게 될 것이다.

부자와 가난한 자의 공통점은 여호와께서 그들을 다 지었다는 것이다.

- 잠언 22:2

9) 자비량 선교

바울과 바나바, 실라 등은 모두 자비량 선교사였다. 바울이 마지막 3차 선교여행을 마무리하면서 에베소 장로들을 밀레도에 불러 말하였다. 이는 오늘날 목회자와 선교사가 귀담아들을 필요가 있는 아주 소중한 말씀이다.

여러분도 잘 아시다시피, 나는 나와 내 일행이 필요한 것을 손수 벌어서 썼습니다. 이처럼 내가 모든 일에 모범을 보였으니, 여러분도 주는 것이 받는 것보다 복이 있다는 주 예수님의 말씀을 기억하고, 열심히 일하여 어려운 사람들을 도와주십시오.

- 사도행전 20:34-35

그러나 사정에 따라서 교회의 도움을 받아도 된다. 목회자나 선교사는 원칙적으로 자신의 인생을 통째로 주님께 바친 사람이다. 이들을 돕는 것이 주님의 교회와 사역을 돕는 일이다.

빌립보 교회 형제자매 여러분! 여러분도 아시는 바와 같이, 내가 복음을 전파하던 초기에, 마케도니아를 떠날 당시 주고받는 일로 나에게 협력한 교회는 여러분밖에 없습니다. 내가 데살로니가에 있을 때도, 여러분은 내가 쓸 것을 몇 번 보내 주었습니다.

- 빌립보서 4:15-16

인자시대 당시 예수님의 제자들도 특별히 다른 일을 하지 않았다. 다른 일을 할 수 있는 시간적 여유도 없었으며 여건도 조성되지 않았다. 사실 그들은 예수님과 동행하며 식사할 겨를도 없었다. 하지만 초대 교회로 이어지면서 적어도 바울과 바나바 등은 이중직을 가지고 교회의 부담을 덜어주었다.

자기 돈으로 군대생활을 하는 사람이 어디 있습니까? 포도원을 만들고 포도를 먹지 않을 사람이 누굽니까? 양을 기르는 사람치고 그 젖을 먹지 않을 사람이 누굽니까?

- 고린도전서 9:7

이처럼 바울이 사역 초기에는 빌립보 교회로부터 두세 차례 재정 지원을 받았으나, 고린도 교회의 지원은 정중히 사양하였다.

> 나는 여러분과 함께 있는 동안 생활이 어려웠지만, 아무에게도 신세를 지지 않았습니다. 그것은 마케도니아에서 온 형제들이 나의 생활비를 대어 주었기 때문입니다. 나는 모든 일에 여러분의 짐이 되지 않으려고 애썼으며, 앞으로 도 그렇게 할 것입니다.
>
> - 고린도후서 11:9

사실 바울은 아테네를 떠나 고린도에 이르렀을 때, 브리스길라와 아굴라 부부를 만나 함께 지내며 천막 만드는 일을 하였다. 그리고 안식일마다 회당에 들어가 강론하였다. 그러니까 주중에는 텐트 메이커(Tent maker)로서 일하고, 안식일이 되면 으레 전도자로서 복음을 전하였던 것이다. 이렇듯 바울은 직접 돈을 벌어 선교도 하고, 가난한 이웃을 도와주었다.

데살로니가 교회에서도 바울은 교회 안에서 무위도식(無爲徒食)하는 사람들을 책망하며 자기를 본받으라고 권하였다. 다시 말해서 바울은 데살로니가 교회의 재정적 지원을 받지 않으려고 다른 일도 열심히 하였던 것이다.

> 여러분은 우리를 본받아야 한다는 것을 잘 알고 있습니다. 우리는 여러분과 함께 있을 때 제멋대로 살지 않았으며, 아무에게도 공밥을 얻어먹지 않았습니다. 오히려 우리는 여러분에게 짐이 되지 않으려고 밤낮 수고하며 열심히 일했습니다.
>
> - 데살로니가후서 3:7-8

이와 같이 교회에 생활비를 의존하지 않은 자비량 선교가 초대 교회부터 일반화되어 있었음을 알 수 있다.

> 바로 이 시간까지 우리는 굶주리고, 목마르고, 헐벗고, 매 맞으며, 집 없이 떠돌아다니고, 생활비를 위해 수고하며, 손수 일해 왔습니다. 그리고 욕을 먹어도 축복하고, 핍박을 당해도 참고, 비방을 받아도 좋은 말로 달래면서, 지금까지 우리가 세상의 쓰레기와 만물의 찌꺼기처럼 되었습니다.
>
> - 고린도전서 4:11-13

그런데 왜 바울은 빌립보 교회의 도움은 받고, 고린도와 데살로니가와 에베소 교회의 도움은 사양하였을까? 그리 어렵게 생각할 필요가 없다. 언제든지 도움은 받을 수 있었으나, 교회에 본이 되지 않을 뿐만 아니라, 자신의 나태함을 경계하며 교회에 부담도 끼치지 않으려고 했던 것이다. 사실 오늘날 같이 뻔뻔하게 교회 돈을 많이 받아가는 목회자나 선교사는 초대 교회 이래 없었다. 물론 일부이지만 부끄러운 줄 알아야 한다.

바울은 자신의 권리를 스스로 포기하면서 매사에 본을 보이려고 노력하였으나, 그것이 오히려 사도권을 의심받는 단초가 되기도 하였다.

> 내가 여러분을 높이려고 나를 낮춰 하나님의 복음을 값없이 전한 것이 무슨 죄라도 된다는 말입니까? 내가 여러분을 위해 봉사할 때, 다른 교회들이 내 생활비를 부담하여 주었습니다. 말하자면 다른 교회의 원조로 여러분을 도운 셈입니다.
>
> - 고린도후서 11:7-8

이런 오해에도 불구하고, 바울은 끝내 자신이 결심한 자비량 선교의 방법을 굽히지 않았다.

그러나 나는 그런 권리를 하나도 사용하지 않았습니다. 그리고 여러분이 나에게 그리하여 달라는 뜻으로 내가 이 말을 하는 것이 아닙니다. 나는 죽는 한이 있어도, 내가 자랑으로 여기는 것을 아무도 헛되이 하지 못하게 할 것입니다.

- 고린도전서 9:15

4. 가정생활

1) 공유 원칙

한 가정의 수입은 누가 번 것이든 자기만의 소유가 아니다. 사실 부부 별산제는 세상의 기준이다. 성경적 기준은 모든 가족의 공유이다. 내가 번 것이니 내 것이라는 생각은 가정을 냉각시키는 사탄의 수법이다.

돈의 주인이 분명치 않으면 공동체 정신을 훼손하고, 나아가 또 다른 갈등으로 이어진다. 수입은 물론이고 지출도 투명하고 확실해야 한다. 돈에 대한 주인의 개념이 분명할 때 가족 간의 신뢰가 싹트게 된다.

2) 공동 관리

내 통장이나 재산을 따로 갖지 마라. 자기만의 바벨탑이 생기게 된다. 딴 주머니를 찬다는 것은 그 뜻이 아무리 선해도 공동체 정신을 훼손하고 분열을 조장하며 불신을 초래하게 된다. 이는 교회나 단체, 기업이나 국가도 마찬가지이다. 모든 구성원이 공동체 의식을 가지고 청지기 정신을 지켜 나가야 한다. 그때 모든 것이 확연히 드러나게 된다.

요즘 부부는 각자 직장도 다니고 사업도 따로 하는바, 자연히 너 따로 나 따로 식의 재산 별산제가 원칙이다. 하지만 각자의 용돈을 제외하고 목돈은 공동으로 관리해야 한다. 물론 이혼할 경우에는 계산이 복

잡할 수도 있겠지만, 이혼을 전제로 돈을 관리하는 부부는 실제로 이혼할 가능성이 높다.

이는 불의요, 불신이요, 불순종이다. 정말 바람직하지 못하다. 경제적 독립이 자칫 결혼 생활 독립으로 이어질 수 있다. 사실 배우자에 대한 불신에서 따로 경제가 시작된다.

3) 합의 사용

돈이든 물건이든 공유 재산은 반드시 합의하에 사용하거나 처분해야 한다. 물론 생활비나 용돈은 자유롭게 쓸 수 있지만, 큰돈이 들어가는 경우에는 먼저 가족과 상의해야 한다. 그렇게 해야 우환이 없고 말썽도 없다.

어느 한쪽이 모든 것을 이해하고 흔쾌히 받아주면 모르겠지만, 일은 내가 저질러 놓고 뒷감당을 상대방에게 맡기는 식은 정말 곤란하다. 사전에 양해를 구하든지, 먼저 가족이 합의를 해야 갈등의 소지를 미연에 방지할 수 있다.

아무리 좋은 뜻을 가진 경우라도, 심지어 구제나 헌금을 할 때도 가족이 먼저 합의해야 한다. 어느 한쪽이 동의하지 않으면 최대한 설득하고, 그래도 말을 듣지 않으면 기도하며 기다려야 한다. 자기만 잘났다고 고집을 부리는 사람은 하나님께서도 기뻐하지 않으신다.

4) 헌금 유혹

상의 없이 일방적으로 헌금을 작정하고, '나중에 어떻게 되겠지'라는 운명론적 생각이나, '걱정하지 마. 하나님께 다 해결해 주실 거야!'라는 식의 선무당적 신앙은 정말 무책임하다. 일을 벌이기 전에 충분히 기도하고, 가족의 승낙을 구해야 한다. 사후에 당신이 해결해 보라는 방식은 너무 안일하고 오만하다.

돈은 가족이 함께 벌어서 쓰는 것이고, 빚도 함께 갚아 나가는 것이다. 무슨 일을 하든지 먼저 가족 간의 협의를 거쳐서 결정해야 한다. 먼저 일을 저질러 놓고 '미안해요, 이번만 당신이 좀 해결하세요'라고 한다면, 아무리 돈이 많고 이해심이 많은 사람도, 그런 일이 반복되면 갈등의 골이 깊어질 수밖에 없다.

간혹 무슨 응답을 받았느니, 어떤 환상을 보았느니 하면서, 자기 마음대로 엄청난 헌금을 작정하고 전전긍긍하는 사람도 있다. 게다가 한술 더 떠서, '하나님을 위한 일이니, 하나님께서 다 채워주실 거야'라고 하는 배짱 좋은 사람도 있다. 이들은 정말 어리석다. 돈이 넉넉한 사람 같으면 별문제가 없지만, 그렇지 않으면 가정이 파탄 날 수도 있다.

하나님의 전지전능하심은 사람의 생각에 따라서가 아니라 전적으로 주권적이시다. 하나님께서 도와주실 수도 있고, 도와주시지 않을 수도 있다는 말이다. 이것이 하나님의 주권적 전지전능하심이다. 사람의 뜻대로 움직이는 꼭두각시 하나님은 없으며, 이는 신성모독이다.

사실 하나님께서 무슨 돈이 필요하여 사람에게 돈을 바치라고 하시겠는가? 헌금을 작정하라는 것은 사탄의 꾐수일 뿐이다. 기독교 무당들의 유혹에 넘어가지 말아야 한다. 우리가 알기로 그리스도 안에서 돈을 사랑하는 사람은 없다. 돈을 요구하는 자는 이단이거나 사기꾼이다. 참그리스도인은 부자로 사는 것을 가장 부끄럽게 여긴다. 오히려 가난하게 살면서 청빈을 즐긴다.

5) 생활 수칙

(1) 감사하라
사탄은 감사하는 사람을 가장 무서워한다. 감사 중의 감사는 감사할 것이 없어 감사하는 것이다.

(2) 과거를 잊어라
과거의 필름을 지우지 않으면 계속해서 발목을 잡는다. 과거는 묻지도 말고 따지지도 말고, 그냥 무조건 싹 잊어버려라. 흘러오는 물만이 물레방아를 돌릴 수 있다. 과거에 금송아지 안 키워 본 사람이 없다. 사랑도 내려놓고 미움도 내려놓고, 바람 따라 구름 따라 그렇게 살아라.

(3) 근검절약을 실천하라
약 중의 약은 신약과 구약 그리고 검약이다.

(4) 기뻐하고 웃어라
억지웃음이라도 짓고 기뻐하라. 이는 위선이 아니라 참다운 인생의 훈련이다. 웃는 얼굴에 침 뱉을 사람은 없다.

(5) 낙심하지 마라
절망은 죽음에 이르는 병이다.

(6) 남의 말에 솔깃하지 마라

거의 다 도둑놈이다. 특히 탐욕에 빠진 종교인의 말은 절대로 듣지 마라. 자기 잇속만 챙기는 데 익숙한 장사꾼이요, 영적 사기꾼이요, 사탄의 앞잡이요, 지옥의 형벌을 기약한 자다.

(7) 남을 위해 기도하라

기도 받고 욕할 사람은 없다.

(8) 단순하게 살아라

레갑의 후손이 장막생활로 복을 받았다.

(9) 돈에 시비 걸지 마라

돈은 인격체가 아니라 그냥 물건이다.

(10) 돈의 노예가 되지 마라

돈에 지배당하면 인생이 망할 수 있다.

(11) 돈의 주인은 하나님이시다

우리는 하나님의 청지기이다.

(12) 돈은 수입에 맞춰서 쓰라

30%는 나를 위해, 30%는 이웃을 위해, 30%는 주님의 영광을 위해 쓰라.

(13) 돈을 믿지 마라

슬그머니 왔다가 슬그머니 사라진다.

(14) 돈을 쓰기 전에 3번 물어보라

꼭 필요한가? 정말 필요한가? 반드시 필요한가? 그러고 나서 써도 늦지 않다. 그리고 쓸 때는 아낌없이 쓰라. 사실 돈은 쓰라고 있는 것이다. 돈을 버는 것은 마음대로 못 해도, 쓰는 것은 마음대로 할 수 있다.

(15) 말은 만사의 씨앗이다

긍정적인 언어를 사용하라.

(16) 맘몬을 추방하라

탐욕의 강에 낚시를 던져 사탄을 잡지 마라.

(17) 무유골 무유품 무유산을 실천하라

나눠 줄 것과 기부할 것은 살아생전에 하고, 최소한의 생활비로 살다가 무소유로 돌아가라.

(18) 부질없는 욕심을 삼가라

욕심이 잉태하면 죄가 된다. 그 순간 사탄의 밥이 된다.

(19) 빚으로 투자하지 마라

빚은 은사가 아니라 사탄의 올무이다.

(20) 빚지지 마라

그 빚이 천국까지 이어질 수 있다.

(21) 사람과의 만남을 소중히 여겨라

좋은 인연이 행운을 가져다준다.

(22) 세상에 공짜는 없다
돈 놓고 돈 먹기 놀음을 하지 마라.

(23) 섬김과 나눔을 실천하라
세상에 내 것은 없다. 다 주님의 것이다. 주님의 것을 퍼주고 내가 흥한다. 아브라함은 부지중에 천사를 대접하여 롯의 가족을 구원하였다.

(24) 영감을 소중히 여기고 양심의 소리를 들으라
신령한 영감은 성령님의 음성이다.

(25) '오탐불'을 버리고 '겸순자'를 배워라
'오만', '탐욕', '불순종'은 하나님께서 가장 싫어하시고, '겸손', '순종', '자족'은 사탄이 가장 싫어한다. 불의의 정점이 불신이고, 불신의 열매가 불순종이다. '오탐불'은 주님의 재정을 실현하기 위한 정신 무장에 있어 최고의 걸림돌이다.

(26) 인생을 통째로 주님께 바쳐라
인생의 소유권은 하나님께 있다.

(27) 일이 자꾸 꼬이면 일단 멈춰라
뭔가 하나님께서 뜻하신 바가 있다.

(28) 자연으로 돌아가라
화투나 포커, 오락이나 게임 등은 오염된 놀이다.

(29) 자족하는 법을 배워라

의식주로 만족하고, 주님과 동사(同事)함을 즐겨라.

(30) 자존감을 높여라

기(氣)는 성령의 힘이다. 기가 살아야 나도 산다.

(31) 작은 것을 탐하지 마라

소탐대실은 어리석음의 대명사다.

(32) 젊은이는 정욕을, 늙은이는 노욕을 조심하라

이보다 더 다루기 힘든 괴물도 없다.

(33) 정치에 신경 쓰지 마라

열등한 자들의 허접한 넋두리일 뿐이다. 그럴 시간이 있거든 차라리 낮잠이나 자라. 신령한 계시를 받을 기회가 주어진다.

(34) 조급하지 마라

서둘러 잘되는 일이 없다.

(35) 주초(酒草)를 멀리하라

돈 잡아먹는 귀신이다.

(36) 죽을 때 죽더라도 자살만은 하지 마라

자살은 자기도 죽고 남도 죽이는 최악의 살인이다. 아무리 어렵고 힘들어도 참고 견뎌라. 사람 나고 돈 났지, 돈 나고 사람 나지 않았다.

(37) 즐거운 찬양을 불러라

밝고 맑은 기운이 찾아온다.

(38) 청지기 정신을 지켜라

선한 관리자로서 주의와 의무를 다하는 것이다.

(39) 헌금에 집착하지 마라

하나님께서는 헌금이 아니라 헌신을 원하신다.

(40) 헛되고 헛되니 모든 소유를 버려라

그리스도 예수 안에 있는 하나님의 나라와 그 의를 구하라.

5. 재정 운용

(1) 계약은 부득이한 사유가 없으면 공개경쟁으로 한다.

(2) 경조금 등은 반드시 기준을 정하여 공평하게 지급한다.

(3) 고유번호증을 발급받아 납세 등의 의무를 솔선수범한다.

(4) 고정자산은 교회 명의로 취득하고, 5년마다 감가상각을 실시하며, 불용자산의 처분이나 폐기는 사전에 승인을 받는다.

(5) 공과금, 연료비 등 경상비는 재정 위원의 책임하에 집행한다.

(6) 교인 간의 빈부격차를 줄이고 평준화시켜 나간다.

(7) 교인의 평균 수입액이 최저 생계비에 미치지 못하면 자비량 사역자를 청빙한다.

(8) 교회 명의로 통장을 개설하여 사용한다.

(9) 교회 사정과 형편에 맞는 정관을 제정한다.

(10) 교회 재정은 적립하지 않고 나눠 주며 베푼다.

(11) 교회 재정에 관한 자료는 인터넷 등을 통해 공개한다.

(12) 교회 주인은 주님이시다. 재정을 임의로 쓰지 못한다.

(13) 매월 또는 분기별로 재정 결산서를 작성하여 보고한다.

(14) 목적 사업 외 예산의 전용이나 이용을 금하고, 필요 시 승인을 받는다.

(15) 사고이월, 명시이월, 추가경정 예산 등은 사전에 승인을 받는다.

(16) 사업 집행자와 회계 책임자, 재정 감독자, 감사의 기능은 분리한다.

(17) 사역자가 직접 사업을 하거나 직장을 다닐 때는 자비량으로 한다.

(18) 사역자가 20년 이상 근속하고 퇴직할 경우, 연금 형태로 매월 생활비를 지급한다. 연금재단 등의 제도가 없으면 교회가 사전에 준비한다.

(19) 사역자는 이중직을 가져도 무방하며, 가능한 자비량으로 한다.

(20) 사역자와 그 가족은 재정 운영에서 배제한다.

(21) 사역자의 생활비는 정해진 날짜에 반드시 지급한다.

(22) 사역자의 퇴직금은 사역자와 교회가 함께 적립하고 준비한다.

(23) 사역자의 호봉제 도입과 물가 상승률을 감안하여 생활비를 지급한다.

(24) 사역자와 그 자녀의 교육비 등은 모금 등의 방법으로 지원한다.

(25) 사역자의 세금은 본인이 납부하고, 가능한 4대 보험에 가입한다.

(26) 선급금과 개산금은 필요 시 지급하되, 사업 종료 시 지체 없이 정산한다.

(27) 세입세출 예산에 맞춰 정당하게 집행하고, 반드시 감사를 받는다.

(28) 수익 사업은 기업회계 기준에 의하여 더욱 투명하게 관리하고 공개한다.

(29) 수입과 지출은 결의서에 의하고, 반드시 증빙서류를 붙인다.

(30) 수입과 지출은 은행계좌를 통해 거래하고, 장부에 상세히 기록한다.

(31) 예산과 결산, 보고와 감사 등을 제도화하여 투명성을 높인다.

(32) 예산의 전용이나 이용, 예비비 사용은 사전에 승인을 받는다.

(33) 외상거래나 차입을 금하고, 필요 시 체크카드를 사용한다.

(34) 입찰이나 계약, 하자 등에 따른 보증보험에 가입한다.

(35) 기록은 복식부기에 의하고, 재무제표 등을 작성하여 비치한다.

(36) 장기 사업 등 부득이한 사정이 없는 한, 자금을 적립하거나 이월시키지 않는다.

(37) 재무제표와 회계장부 등은 누구나 쉽게 열람할 수 있도록 한다.

(38) 재정 원칙을 올바로 가르치고, 연보나 모금을 강요하지 않는다.

(39) 재정 운용과 관리는 통일성이 중요한바, 교회 실정에 맞게 한다.

(40) 재정 운용에 좀 더 관심을 갖도록 교인들을 권면한다.

(41) 재정 위원은 최소 3명 이상으로 하고, 청지기 정신을 지킨다.

(42) 재정 위원을 위한 전문 교육을 정기적으로 실시한다.

(43) 재정의 절반 이상을 선교와 구제 등 이웃을 위해 사용한다.

(44) 전임 사역자를 제외하고, 자비량 섬김을 원칙으로 한다.

(45) 투명한 회계 시스템을 도입하고, 정기적으로 감사를 실시한다.

(46) 헌금은 자원하여 드리되, 용도에 따라 사용하고 투명하게 공개한다.

(47) 회계를 맡은 사람은 성실하고 공정하게 주어진 책임과 의무를 다한다. 불의의 사고 등에 대비하여 반드시 보증보험 등에 가입한다.

(48) 회계 기준이나 방법 등은 연속성이 중요한바, 임의로 바꾸지 않는다.

(49) 회계 서류는 5년 이상 보존하고, 부동산 관련 자료는 영구 보존한다.

(50) 회계와 감사, 세금 등은 외부 전문가에 의해 공정한 평가를 받는다.

제 3 편

예수 교훈

백련초해(百聯抄解)

화소함전 성미청(花笑檻前 聲未聽)
조제림하 루난간(鳥啼林下 淚難看)
화함춘의 무분별(花含春意 無分別)
물감인정 유천심(物感人情 有淺深)

한문 입문서

꽃은 난간 앞에서 웃어도 소리가 들리지 않고
새는 수풀 속에서 울어도 눈물을 볼 수 없구나.
봄을 맞은 꽃은 누구에게나 활짝 웃고 있지만
자연을 대하는 사람의 마음은 깊음이 다르구나.

_ 김인후(金麟厚, 1510~1560)

1. 자선과 위선

　너희는 남에게 보이려고 일부러 선을 행하지 않도록 조심하라. 그렇지 않으면 하늘에 계신 너희 아버지의 상을 받지 못한다. 자선을 베풀 때, 위선자가 사람들에게 칭찬을 받으려고 회당과 거리에서 하듯이, 스스로 나팔을 불지 마라. 내가 분명히 말하지만, 그들은 이미 자기네 상을 다 받았다.

　그러므로 너는 자선을 베풀 때, 오른손이 하는 일을 왼손이 모르게 하여 그 자선을 숨겨두어라. 그러면 은밀한 일도 보시는 네 아버지께서 갚아주실 것이다.

- 마태복음 6:1-4

2. 보물과 마음

　너희는 보물을 땅에 쌓아두지 마라. 땅에서는 좀이 먹거나 녹이 슬어 망가지기도 하고, 도둑이 뚫고 들어와 훔쳐가기도 한다. 그러므로 너희는 보물을 하늘에 쌓아두어라. 그곳에는 좀이 먹거나 녹이 슬어 망가지는 일도 없고, 도둑이 뚫고 들어와 훔쳐가지도 못한다. 네 보물이 있는 곳에 네 마음도 있다

- 마태복음 6:19-21

3. 하나님과 맘몬

아무도 두 주인을 동시에 섬기지 못한다. 이편을 미워하고 저편을 사랑하든가, 이쪽을 존중하고 저쪽을 미워하기 마련이다. 너희는 하나님과 맘몬을 겸하여 섬길 수 없다. 그러므로 내가 너희에게 말한다. 목숨을 위해 무엇을 먹고 마시며, 몸을 위해 무엇을 입을까 걱정하지 마라. 목숨이 음식보다 소중하고, 몸이 옷보다 귀중하지 않느냐?

공중의 새를 보아라. 씨를 뿌리지도 않고 거두지도 않으며, 곳간에 모아들이지도 않는다. 하지만 하늘에 계신 너희 아버지께서 다 먹여주신다. 너희는 새보다 훨씬 귀하다. 너희 가운데서 누가 걱정한다고 해서, 자기 수명을 한순간인들 더 늘릴 수 있느냐?

그런데 너희는 어찌하여 옷 걱정을 하느냐? 들꽃이 어떻게 자라는가 보아라. 수고도 하지 않고 길쌈도 하지 않는다. 내가 너희에게 말하지만, 온갖 영화를 다 누린 솔로몬도 이 꽃 하나만큼 화려하게 차려입지 못했다. 오늘 피었다가 내일 아궁이에 던져질 들풀도 하나님께서 이처럼 입히시거든, 하물며 너희를 입히시지 않겠느냐? 믿음이 적은 자들아!

그러니 무엇을 먹을까, 무엇을 마실까, 무엇을 입을까 하고 걱정하지 마라. 이는 믿지 않는 자들이 애써 구하는 것이다. 하늘에 계신 너희 아버지께서는 그 모든 것이 너희에게 필요한 줄을 다 알고 계신다. 너희는 먼저 그의 나라와 그 의를 구하라. 그러면 이 모든 것을 너희에게 더하여 주실 것이다.

그러므로 내일 일을 걱정하지 마라. 내일 걱정은 내일이 맡아서 할 것이다. 한 날의 괴로움은 그날 겪는 것으로 족하다.

- 마태복음 6:24-34

4. 밭의 보물

하나님의 나라는 밭에 숨겨진 보물과 같다. 사람이 그 보물을 발견하면 제자리에 숨겨두고, 기뻐하며 돌아가 자기 소유를 다 팔아 그 밭을 산다.

- 마태복음 13:44

5. 진주 상인

하나님의 나라는 좋은 진주를 구하는 상인과 같다. 그가 아주 값진 진주 하나를 발견하면, 서둘러 돌아가 자기 재산을 다 팔아 그 진주를 산다.

- 마태복음 13:45-46

6. 오병이어

예수: 우리가 어디서 떡을 사다가 이 사람들을 먹일 수 있겠느냐?

제자들: 여기는 외딴곳으로 빈 들입니다. 날도 이미 저물어 시간이 없습니다. 이들을 가까운 농가나 마을로 헤쳐 보내십시오. 각자 잠자리도 구하고 음식도 사먹게 하십시오.

예수: 아니다. 그럴 필요 없다. 너희가 이들에게 먹을 것을 주어라.

빌립: 1인당 조금씩 나눠 준다고 해도 200데나리온어치의 떡으로도 부족할 겁니다.

예수: 지금 너희가 가진 떡이 몇 개나 되는지 얼른 가서 알아보고 오너라.

안드레: 여기 보리떡 5개와 작은 물고기 2마리를 가진 어린이가 있습니다. 하지만 이것을 가지고 이 많은 사람을 어찌 다 먹일 수 있겠습니까?

예수: 그걸 내게 가지고 오너라. 그리고 이들을 한 50명씩 따로 앉혀라.

거기 풀이 많아 사람들이 50명씩, 많게는 100명씩 떼를 지어 앉았다. 예수님이 보리떡 5개와 물고기 2마리를 손에 들고 하늘을 우러러 감사 기도를 드리셨다. 그리고 먼저 떡을 떼어 제자들에게 나눠 주시며 사람들 앞에 갖다 놓게 하셨다. 이어서 물고기도 그렇게 하여 그들이 원하는 대로 나눠 주셨다. 그러자 사람들이 다 배불리 먹고 남았다.

예수: 이제 남은 조각을 거두어 버리는 것이 없게 하라.

그래서 제자들이 남은 조각을 거둬 보니, 보리떡 5개와 물고기 2마리로 먹고 남은 부스러기가 12바구니였다. 먹은 사람은 여자와 아이를 빼고, 남자 어른만 5천 명쯤 되었다.

- 마태복음 14:13-21, 마가복음 6:30-44,

누가복음 9:10-17, 요한복음 6:1-15

7. 칠병이어

예수: 이 사람들이 나와 함께 있은 지가 벌써 3일이 지났다. 먹을 것이 없어 참으로 가엾구나. 이들 중에는 멀리서 온 사람도 있다. 이 대로 굶겨서 보냈다가는 기진하여 길에서 쓰러질지 모른다. 차마 그렇게 할 수가 없구나.

제자들: 이런 허허벌판에서, 어느 누가, 무슨 수로, 이 많은 사람에게 먹일 만한 떡을 구할 수 있겠습니까?

예수: 너희에게 떡이 얼마나 있느냐?

제자들: 7개 있습니다. 작은 생선도 조금 있습니다.

예수: 자, 모두 땅에 앉으십시오.

그리고 떡 7개를 들어 감사기도를 드리시고, 떼어 제자들에게 주시며 사람들 앞에 갖다 놓으라고 하셨다. 또 자은 생선 두어 마리도 그렇게 하시고, 제자들을 시켜 나눠 주게 하셨다. 그러자 모든 사람이 배불리 실컷 먹고, 남은 부스러기를 거두니 7광주리였다. 먹은 사람은 여자와 아이를 빼고, 남자 어른만 4천 명쯤 되었다.

- 마태복음 15:32-39, 마가복음 8:1-10

8. 성전세 납부

예수님의 일행이 가버나움에 이르렀다. 성전세 반 세겔[11]을 받는 사

---

11) 반 세겔(Half shekel)은 20세 이상의 남자가 의무적으로 바치는 성전세로 두로의 은전이었다. 출애 굽기 30장 13절에 근거한 10게라(Gerah)로 은 6g쯤 되었으며, 2데나리온의 가치가 있었다.

람이 와서 베드로에게 물었다.

성전세 반 세겔 받는 이: 당신네 선생님은 성전세를 바치지 않습니까?
베드로: 내십니다!

그리고 집에 들어가자, 예수님이 먼저 말씀을 꺼내셨다.

예수: 시몬아, 너는 어떻게 생각하느냐? 세상의 왕들이 관세나 주민세
를 누구한테서 받느냐? 자기 자녀냐, 다른 사람이냐?
베드로: 다른 사람입니다.
예수: 그러면 자녀는 세금을 내지 않아도 되지만, 우리가 그들의 감정
을 상하게 해서는 안 된다. 너는 호수로 가서 낚시를 던져라. 맨
먼저 잡히는 고기의 입을 벌리면, 그 속에 은전 한 닢이 들어 있
을 것이다. 그것을 가져다가 우리의 성전세로 내어라.

- 마태복음 17:24-27

9. 어리석은 부자

어떤 사람: 선생님, 아버지의 유산을 저와 나누라고 제 형에게 일러주십시오.
예수: 이보시오, 누가 나를 여러분의 재판관이나 재산 분배자로 세웠습
니까?

그리고 무리를 향해 말씀하셨다.

예수: 여러분은 삼가 어떤 탐욕에도 빠져들지 않도록 조심하십시오. 사람의 재산이 아무리 많아도, 그 재산이 사람의 생명을 보장하지는 못합니다.

이어서 비유를 들어 말씀하셨다.

예수: 비옥한 농토를 가진 부자가 있었는데, 그가 소출이 풍성하자 중얼거렸습니다. '이 많은 곡식을 쌓아 둘 곳이 없으니 어떻게 할까? 옳지, 좋은 수가 있다! 내 곳간을 헐고 더 크게 짓자. 그리고 내 모든 곡식과 물건을 거기 쌓아 두고, 내 영혼에게 말하자. 영혼아! 내가 여러 해 동안 쓸 물건을 충분히 쌓아 두었으니, 이제 마음 놓고 편히 쉬면서 실컷 먹고 마시며 한껏 즐겨라!' 그러자 하나님께서 말씀하셨습니다. '이 어리석은 사람아, 오늘밤 네 영혼을 네게서 도로 찾을 것이다. 그러면 너를 위해 쌓아둔 것이 뉘 차지가 되겠느냐?' 자기를 위해 재물을 쌓아 두면서, 하나님께 부요하지 못한 사람이 바로 이와 같습니다.

- 누가복음 12:13-21

10. 신실한 청지기

예수: 너희는 허리에 띠를 동이고, 등불을 켜 놓고, 기다리고 있어라. 마치 주인이 혼인 잔치에서 돌아와 문을 두드리면, 즉시 열어 주려고 기다리는 종처럼 되어라. 주인이 돌아와 그렇게 하고 있는 종을 보면, 그는 복이 있다. 내가 분명히 말한다. 주인이 몸소 허

리를 동이고, 그를 식탁에 앉히고, 곁에 와서 시중들 것이다. 주인이 밤중이나 새벽에 오더라도, 그렇게 기다리는 종은 복이 있다. 너희는 명심하라. 도둑이 언제 들지 주인이 안다면, 도둑이 들지 못하게 지킬 것이다. 그러므로 너희도 준비하고 있어라. 아무도 생각지 않은 때 인자가 올 것이다.

베드로: 주님, 이 비유를 저희만 들으라고 하신 겁니까, 아니면 다른 사람들까지 모두 들으라고 하신 겁니까?

예수: 누가 신실하고 슬기로운 청지기이겠는가? 주인이 종들을 맡기고 제때 양식을 나눠 주라고 하였으면, 그가 어떻게 해야 되겠느냐? 주인이 돌아올 때까지 자기 책임을 다하고 있다가, 주인을 맞이하는 종이 아니겠느냐? 그가 복이 있다. 내가 분명히 말한다. 주인이 그에게 자기 모든 재산을 맡길 것이다. 그러나 그가 악하여 속으로 주인이 더디 오려니 생각하고, 자신이 맡은 남녀종을 때리고 술친구와 어울려 먹고 마시며, 흥청대고 세월을 보낸다면 어떻게 되겠느냐? 아무도 생각지 않은 날, 뜻밖의 시간에 주인이 돌아와 그 몹쓸 꼴을 모두 보게 될 것이다. 그때 주인은 그를 즉시 해고하고, 위선자가 벌 받는 곳으로 보낼 것이다. 거기서 그는 가슴을 치며 통곡할 것이다. 주인의 뜻을 알면서도 제대로 준비하지 않고 행하지 않은 종은 많이 맞을 것이며, 미처 주인의 뜻을 몰랐던 종은 그나마 적게 맞을 것이다. 그러므로 많이 받은 자에게 많이 요구할 것이고, 많이 맡은 자에게 많이 내놓으라고 할 것이다.

- 마태복음 24:45-51, 누가복음 12:35-48

11. 불의한 청지기

어떤 부자가 청지기 하나를 두었다. 그가 주인의 재산을 낭비한다는 소문이 들렸다. 주인이 그를 불러 말하였다. '자네에 대한 이런저런 소문이 들리니, 도대체 어찌된 일인가? 자네에게 더 이상 내 재산을 맡길 수 없으니, 자네가 맡은 청지기 일을 정리하게'.

청지기가 속으로 생각하였다. '주인이 내 직분을 박탈하려고 하니, 이제 어떻게 하면 좋을꼬? 땅을 파자니 힘에 부치고, 빌어먹자니 낯이 부끄럽구나! 옳지, 좋은 수가 있다. 내가 이 자리에서 물러날 때, 나를 영접할 사람들을 미리 만들어 두자. 그러면 내가 주인에게 쫓겨나더라도, 그들이 나를 자기네 집으로 맞아주겠지'.

그리고 주인에게 빚진 사람들을 하나씩 불러들였다. 그가 먼저 온 사람에게 물었다.

"우리 주인에게 진 빚이 얼마요?"

"감람기름 100말입니다."

"그래요, 여기 당신의 빚 문서가 있소. 어서 50말이라고 쓰시오."

그리고 다음 사람에게 물었다.

"당신의 빚은 얼마요?"

"밀 100섬입니다."

"그래요, 여기 당신의 빚 문서가 있소. 어서 80섬이라고 쓰시오."

그런데 주인은, 그 불의한 청지기가 일을 약삭빠르게 처리한 것을 보고 오히려 칭찬하였다. 이 세상의 자녀들이 자기네끼리 거래하면서, 빛의 자녀들보다 더 약고 똑똑하기 때문이다. 내가 말한다. 비록 불의한 재물이라도 그것으로 친구를 사귀면, 그 재물이 없어질 때 그들이 너희를 영원한 집으로 맞아들일 것이다.

누구든지 지극히 작은 일에 충성한 자는 큰일에도 충성하고, 지극히 작은 일에 불의한 자는 큰일에도 불의하다. 그러니 불의한 재물을 다루는 데 충실하지 못하면, 누가 너희에게 참된 재물을 맡기겠느냐?

또 너희가 남의 재산을 다루는 데 충실하지 못하면, 누가 너희에게 너희 몫인들 내어주겠느냐? 한 종이 두 주인을 동시에 섬기지 못한다. 이 주인을 미워하고 저 주인을 사랑하든지, 이 주인에게 헌신하고 저 주인에게 소홀하기 마련이다. 그러므로 너희는 하나님과 맘몬을 겸하여 섬길 수 없다.

- 누가복음 16:1-13

12. 부자와 거지

예전에 한 부자가 있었다. 자색 옷과 고운 베옷을 화사하게 차려입고, 날마다 잔치를 베풀어 먹고 마시며 호사스럽게 지냈다. 그런데 그 부잣집 대문 앞에는, 나사로라는 거지가 상처투성이 몸으로 버려져 있었다. 그는 부자의 상에서 떨어지는 부스러기로 주린 배를 채우려고 하였다. 그때 거리를 쏘다니는 개들이 몰려와 그의 헌데를 핥았다.

그러다가 거지도 죽고 부자도 죽었다. 거지는 천사의 손에 이끌려 아브라함의 품에 안기게 되었고, 부자는 그냥 땅속에 묻히게 되었다. 부자가 지옥에서 고통을 받다가 눈을 들어보니, 저만큼 떨어진 곳에 아브라함이 있었고, 그 품에 나사로가 안겨 있었다.

부자가 소리쳤다. "아버지 아브라함이여, 저를 불쌍히 여겨주십시오. 나사로를 제게 보내 주십시오. 그 손가락 끝에 물을 찍어 제 혀를 시원하게 적셔 주라고 하십시오. 제가 지금 이 불꽃 속에서 심한 고통을 받고 있습니다".

아브라함이 대답하였다. "얘야, 네가 살았을 때 어찌했는지 생각해 보아라. 네 자신을 위해 온갖 호사를 누리는 동안, 이 나사로는 갖은 괴로움을 다 겪었다. 그래서 지금 나사로는 여기서 위안을 받고, 너는 거기서 고통을 받는 것이다. 게다가 우리와 너희 사이에 큰 구렁이 가로놓여 있어, 여기서 너희에게 건너가고 싶어도 갈 수가 없고, 거기서 우리에게 건너오고 싶어도 올 수가 없다".

그러자 부자가 애원하였다. "그러시면 아버지 아브라함이여, 제발 부탁입니다. 나사로를 제 아버지의 집으로 보내 주십시오. 제게 5형제가 있습니다. 그들만이라도 이 고통스러운 곳에 오지 않도록 나사로를 보내 알려 주십시오".

아브라함이 대답하였다. "그들에게 모세와 예언자가 있지 않느냐? 그들의 말을 들으면 될 것이다".

부자가 호소하였다. "아버지 아브라함이여, 그렇지 않습니다. 죽었다가 살아난 사람이 가야만 비로소 그들이 회개할 것입니다".

그러자 아브라함이 "그들이 모세와 예언자의 말을 듣지 않는다면, 죽은 사람이 다시 살아나 간다고 해도 여전히 믿지 않을 것이다"라고 하였다.

- 누가복음 16:19-31

13. 부자 청년

청년: 선하신 선생님, 제가 무슨 선한 일을 하여야 영생을 얻겠습니까?

예수: 그대는 어찌하여 나를 선하다고 하며, 선한 일을 내게 묻습니까? 선하신 분은 오직 하나님 한 분밖에 없습니다. 그대가 영생을 얻

으려면 계명을 지키십시오.

청년: 어떤 계명을 말입니까?

예수: 살인하지 마라. 간음하지 마라. 도둑질하지 마라. 거짓 증언하지 마라. 속임수로 빼앗지 마라. 네 부모를 공경하라. 네 이웃을 네 몸과 같이 사랑하라는 계명이 있지 않습니까?

청년: 저는 그 모든 계명을 어려서부터 다 지켜 왔습니다. 아직도 제게 부족한 것이 있습니까?

예수: 그렇다고 해도 그대에게 아직 한 가지 부족한 것이 있습니다. 그대가 하나님 앞에서 온전한 사람이 되려면, 그대의 재산을 다 팔아 가난한 사람에게 나눠주십시오. 그러면 하늘의 보화를 얻을 것입니다. 그리고 와서 나를 따르십시오.

그러자 그는 크게 근심하다가 울상을 짓고 떠나갔다. 재산이 많은 큰 부자였을 뿐만 아니라, 공직자로서 백성의 존경을 받으며, 남부럽지 않게 잘 살고 있었기 때문이다.

예수: 내가 분명히 말한다. 부자가 하나님의 나라에 들어가기란 무척 어렵다.

그때 제자들이 깜짝 놀라는 표정을 지었다.

예수: 내가 다시 말한다. 부자가 하나님의 나라에 들어가는 것보다, 낙타가 바늘귀로 빠져나가는 것이 더 쉬울 것이다.

제자들: 그렇다면 누가 구원을 받겠습니까?

예수: 사람의 힘으로는 할 수 없으나, 하나님은 무슨 일이나 다 하실 수 있다.

베드로: 보시다시피 저희는 모든 것을 버리고 주님을 따랐습니다. 저희는 무엇을 얻겠습니까?

예수: 내가 분명히 말한다. 너희가 모든 것을 버리고 나를 따랐으니, 새로운 세상이 임하여 만물이 새롭게 되고, 인자가 영광의 보좌에 앉을 때, 너희도 12보좌에 앉아 이스라엘 12지파를 심판할 것이다. 내 이름을 위해 자기 집이나 땅, 형제나 자매, 부모나 자식을 버린 사람은, 이 세상에서 핍박도 아울러 받겠지만, 그 모든 것을 100배나(더할 나위 없이) 받을 것이고, 영생도 얻을 것이다. 그러나 지금은 앞선 것 같아도 나중에 뒤떨어지고, 지금은 뒤떨어진 것 같아도 나중에 앞설 사람이 많을 것이다.

- 마태복음 19:16-30, 마가복음 10:17-31, 누가복음 18:18-30

14. 포도원 품꾼

하나님의 나라는 이렇게 비유할 수 있다. 포도원 주인이 품꾼을 구하려고 아침 일찍 집을 나서 거리로 나갔다. 하루에 1데나리온씩 주기로 약속하고 품꾼을 모아 포도원에 들여보냈다. 그리고 9시쯤 나가 보니, 시장에서 빈둥거리며 서 있는 사람이 더 있었다.

주인: 여러분도 내 포도원에 들어가 일하십시오. 일한 만큼 품삯을 쳐 주겠습니다.

그래서 그들도 포도원에 들어가 일하게 되었다. 주인이 낮 12시와 오후 3시에 나가 보니, 그런 사람이 또 있어 그리하였다. 그리고 오후 5시에 나가 보니, 아직도 빈둥거리며 놀고 있는 사람이 있었다.

주인: 여러분은 왜 하루 종일 여기서 빈둥거리며 놀고 있습니까?

품꾼: 우리에게 일을 시켜 주는 사람이 없어서 그렇습니다.

주인: 그러면 여러분도 내 포도원에 들어가 일하십시오.

그리고 날이 저물어 주인이 청지기를 불러 말하였다. "품꾼들에게 품삯을 주되, 맨 나중 온 사람부터 시작하여 처음 온 사람까지 차례로 주어라".

그래서 오후 5시에 온 품꾼들이 와서 1데나리온씩 받았다. 그러자 먼저 온 품꾼들은 당연히 더 많이 받으려니 생각하였다. 그러나 그들도 똑같이 1데나리온을 받았다. 먼저 온 품꾼들이 주인에게 불만을 터뜨렸다. "나중 온 이들은 겨우 1시간밖에 일하지 않았습니다. 그런데 온종일 뙤약볕에서 고생한 우리와 똑같은 품삯을 줍니까?"

그러자 주인이 그들 중 하나에게 말하였다. "친구여, 내가 그대에게 잘못한 것이 있습니까? 그대는 나와 1데나리온으로 품삯을 정하지 않았습니까? 그대의 품삯이나 받아 돌아가십시오. 일자리가 없어서 나중 온 이들에게 하루의 품삯을 쳐주는 것이 무슨 잘못이란 말입니까? 내 것을 가지고 내 뜻대로 하는 후한 처사가, 그대의 비위에 거슬린다는 말입니까?"

이와 같이 앞선 사람이 뒤질 수도 있고, 뒤진 사람이 앞설 수도 있다.

- 마태복음 20:1-16

15. 세관장 삭개오

예수님이 여리고 거리를 지나가고 계셨다. 삭개오라는 사람이 거기 있었다. 그는 세관장으로 부자였다. 그가 예수님을 보려고 애썼으나, 워낙 키가 작은 데다가 사람들이 너무 많아 볼 수가 없었다. 그래서 예수님이 지나가시는 길을 앞질러 달려가, 길가에 있는 돌무화과나무에 올라가 있었다.

예수님이 그곳에 이르러 그를 쳐다보시며 말씀하셨다. "삭개오여, 어서 내려오시오. 오늘은 내가 그대의 집에 묵어야겠습니다".

삭개오가 기뻐하며 얼른 내려와 예수님을 자기 집으로 모셨다. 사람들이 보고 수군거렸다. "저 사람이 죄인의 집에 들어가 묵으려고 하다니, 참으로 어처구니없는 일이 아닙니까?"

그때 삭개오가 일어나 말하였다. "주님, 제 소유의 절반을 가난한 사람들에게 나눠 주겠습니다. 그리고 제가 누구를 속여서 얻은 것이 있으면, 그것이 무엇이든 4배로 갚겠습니다".

예수님이 말씀하셨다. "오늘 이 집에 구원이 이르렀습니다. 이 사람도 아브라함의 자손입니다. 인자는 잃은 사람을 찾아 구원하러 왔습니다".

- 누가복음 19:1-10

16. 므나 비유

어떤 귀족이 왕위를 받아오려고 먼 길을 떠나게 되었다. 그래서 10명의 종을 불러 1므나씩 나눠 주며 말했다. "내가 돌아올 때까지 이 돈으로 장사를 하여라".

그런데 그의 백성은 그를 미워하였다. 사절단을 꾸려 뒤따라 보내며 왕위를 물려줄 사람에게 진정하였다. "그가 우리의 왕이 되는 것을 원치 않습니다".

그러나 귀족은 왕위를 받아 돌아왔다. 그리고 먼저 돈을 맡긴 종들을 불러 어떻게 장사하였는지 알아보았다.

첫째 종이 와서 말했다. "주인님이 주신 1므나를 10개로 늘렸습니다".

주인이 말했다. "착하고 충성된 종아, 네가 참으로 잘했다. 지극히 작은 일에 충성하였으니, 10개 고을 다스리는 권세를 주겠다".

둘째 종이 와서 말했다. "주인님이 주신 1므나를 5개로 늘렸습니다".

주인이 말했다. "그래, 너도 참 잘했다. 네게 5개 고을 다스리는 권세를 주겠다".

그런데 그다음 종은 와서 이렇게 말했다. "주인님의 1므나가 여기 그대로 있습니다. 제가 수건에 싸서 잘 간수하였습니다. 주인님은 엄하신 분이라 맡기지 않은 것을 찾아가시고, 심지 않은 것을 거두어 가시므로 제가 두려워서 그렇게 하였습니다".

그러자 주인이 호통을 쳤다. "이 악하고 몹쓸 종아, 내가 네 말로 너를 심판하겠다. 내가 엄한 사람이라 맡기지 않은 것을 찾아가고, 심지 않은 것을 거둬 가는 줄로 알았다면, 너는 어째서 그 돈을 은행에 맡기지 않았느냐? 그랬다면 내가 와서 이자와 원금을 함께 받을 수 있지 않았겠느냐?"

그리고 곁에 선 사람에게 말했다. "저 종이 가진 1므나를 빼앗아 10므나 가진 종에게 주어라".

그러자 사람들이 말했다. "주인님, 그는 이미 10므나를 가지고 있습니다".

그러나 주인은, "내가 말한다. 누구든지 가진 사람이 더 받을 것이고, 가지지 못한 사람은 그 있는 것마저 빼앗길 것이다. 그리고 내가 왕이 되는 것을 반대한 저 원수들을 이리 끌어내 내 앞에서 죽여라!"
고 하였다.

- 누가복음 19:12-27

17. 악한 농부

예수: 어떤 사람이 포도원을 일구고, 둘레에 울타리를 치고, 즙 짜는
확을 파고, 망대까지 세워 농부들에게 세를 주고, 멀리 여행을
떠나 있었다. 그리고 포도를 거둘 때가 되어 소출의 얼마를 받
아오라고 종을 보냈다. 그러나 농부들은 그를 붙잡아 때리고 빈
손으로 돌려보냈다. 주인이 다른 종을 보냈으나 그 머리를 때리
고 모욕하며 돌려보냈다. 주인이 또 다른 종을 보냈으나 이번에
는 돌로 쳐서 부상을 입히고 쫓아 보냈다. 주인이 계속 많은 종
을 보냈으나 그들은 번번이 똑같은 짓을 하고, 심지어 죽이기까
지 하였다. 이제 주인에게는 외아들만 남았다. 주인이 마지막으
로 외아들을 보내며 말했다. "어찌하겠는가? 이제 내 사랑하는
아들을 보내야겠다. 그들이 아무리 악해도 내 아들은 존중하겠
지". 그러나 농부들은, 그가 주인의 외아들이라는 사실을 알고
서로 의논하여 말했다. "이는 주인의 상속자다. 아예 없애 버리
고, 그가 상속할 포도원을 우리가 차지하자". 그래서 주인의 외
아들은 포도원 밖으로 끌려 나가 죽게 되었다. 그렇다면 포도원
주인이 돌아와 그 악한 농부들을 어떻게 하겠는가?

유대인: 그들을 모조리 잡아 가차 없이 죽이고, 포도원은 제때 세를 바
칠 다른 농부들에게 맡길 것입니다. 그러나 어찌 그런 일이 있을

수 있겠습니까? 그런 일이 없기를 바랍니다.

예수: 그러면 성경에 기록된 이 말씀은 무슨 뜻입니까? '건축자가 버린 돌이 집 모퉁이의 머릿돌이 되었으니, 이는 주께서 하신 일이라 우리 눈에 기이하다.' 그러므로 내가 말합니다. 여러분은 하나님의 나라를 빼앗길 것이며, 그 나라에 합당하고 열매 맺는 다른 민족이 차지할 것입니다. 무릇 이 돌 위에 떨어지는 사람은 산산이 부서질 것이며, 이 돌 아래 깔리는 사람은 아예 가루가 되고 말 것입니다.

이 비유가 자기들을 겨냥한 것임을 알고, 대제사장과 바리새인들이 바로 예수님을 잡으려고 하였다. 그러나 온 백성이 예수님을 예언자로 여기고 있었는바, 그들이 두려워 뜻을 이루지 못하고 애간장만 태우다가 떠나갔다.

- 마태복음 21:33-46, 마가복음 12:1-12, 누가복음 20:9-19

18. 납세 시험

대제사장과 율법학자들이 예수님의 말씀을 책잡아 고발하려고 호시탐탐 기회를 노리며 엿보고 있었다. 그때 바리새인들이 예수님을 함정에 빠뜨리려고 공모하였다. "어떻게 하면 그의 말을 트집 잡아 올가미를 씌울 수 있을까요?"

그들은 궁리 끝에 밀정을 보내기로 하였다. 자기 제자들을 헤롯 당원들과 함께 예수님께 접근시켜 의로운 사람인 양 행세케 하면서, 예수님의 말씀을 꼬투리 잡아 총독의 치리권과 사법권에 넘기려고 하였다.

밀정: 선생님, 우리는 선생님의 말씀과 가르치심이 모두 옳다고 봅니다. 선생님은 진실하게 말씀하시고, 참되게 가르치시며, 사람의 겉모습을 보고 판단하시지 않고, 아무에게도 얽매이지 않는 분이십니다. 그래서 우리가 선생님의 고견을 듣고자 합니다. 가이사에게 세금을 바쳐야 합니까, 바치지 말아야 합니까? 어느 것이 옳은지 우리에게 가르쳐 주십시오.

예수: 위선자여, 어찌하여 나를 시험합니까? 세금으로 바치는 돈을 가져와 보이십시오.

그들이 데나리온 한 닢을 가지고 와서 예수님께 보여드렸다.

예수: 여기 새겨진 초상과 글이 누구의 것입니까?

밀정: 가이사의 것입니다.

예수: 그러면 가이사의 것은 가이사에게 주고, 하나님의 것은 하나님께 바치십시오.

그들은 말문이 막혀서 아무 트집도 잡지 못하고 슬그머니 예수님의 곁을 떠나갔다.

- 마태복음 22:15-22, 마가복음 12:13-17, 누가복음 20:20-26

19. 과부의 헌금

하루는 예수님이 헌금함 맞은편에 앉아 헌금하는 사람들을 지켜보셨다. 부자는 와서 저마다 많은 돈을 넣었으나, 한 가난한 과부는 와서 렙 돈 두 닢, 곧 고드란트 하나를 달랑 넣었다.

예수님이 제자들에게 말씀하셨다. "내가 분명히 말한다. 이 가난한 과부가 어느 누구보다도 더 많은 헌금을 하였다. 다른 사람들은 다 넉넉한 가운데서 그 일부를 드렸으나, 이 가난한 과부는 구차한 가운데서 자신의 모든 것, 곧 생활비 전부를 드렸다".

- 마가복음 12:41-44, 누가복음 21:1-4

20. 달란트 비유

천국은 어떤 사람이 여행을 떠나면서 자기 종들을 불러 돈을 맡긴 것과 같다. 주인이 종들의 능력에 따라 5달란트, 2달란트, 1달란트를 주었다. 5달란트 받은 종은 바로 나가 그 돈으로 장사하여 5달란트를 벌었다. 2달란트 받은 종도 장사하여 2달란트를 벌었다. 그러나 1달란트 받은 종은 땅을 파고 그 돈을 묻어 두었다. 오랜 시간이 지나서 주인이 돌아와 종들과 결산하였다.

5달란트 받은 종이 10달란트를 가지고 와서 말했다. "보십시오, 주인님이 맡기신 5달란트로 장사하여 5달란트를 남겼습니다".

그러자 주인이 칭찬하였다. "참 잘했다. 너는 과연 착하고 신실한 종이다. 네가 적은 일에 충성하였으니, 내가 큰일을 맡기겠다. 이리 와서 네 주인과 함께 기쁨을 누려라".

2달란트 받은 종도 4달란트를 가지고 와서 말했다. "보십시오, 주인님이 맡기신 2달란트로 장사하여 2달란트를 남겼습니다".

그러자 주인이 칭찬하였다. "참 잘했다. 너도 과연 착하고 신실한 종이다. 네가 적은 일에 충성하였으니, 내가 큰일을 맡기겠다. 이리 와서 네 주인과 함께 기쁨을 누려라".

그런데 1달란트 받은 종은 1달란트를 그대로 가지고 와서 말했다. "주인님, 저는 주인님이 수고도 하시지 않고 남이 심고 뿌린 것을 거두시는 굳은 분으로 알았습니다. 그래서 두려워하여 밖으로 나가 그 돈을 땅에 묻어 두었습니다. 보십시오, 주인님의 돈이 여기 그대로 있으니 도로 받아주십시오".

그러자 주인이 "이 악하고 게으른 종아, 내가 수고도 하지 않고 남이 심고 뿌린 것을 거두는 그런 사람인 줄 알았느냐? 그렇다면 너는 왜 그 돈을 은행에 맡기지 않았느냐? 그렇게 하였다면 내가 돌아와 원금과 이자를 함께 받을 것이 아니냐? 저 종이 가진 1달란트를 빼앗아 10달란트 가진 종에게 주어라. 무릇 있는 자는 더 받아 풍성하게 되고, 없는 자는 그 있는 것마저 빼앗길 것이다. 그리고 저 무익한 종을 바깥 어두운 데로 내쫓아라. 거기서 슬피 울며 이를 갈 것이다"라고 하였다.

- 마태복음 25:14-30

제 4 편

성경 인물

일심(一心)

동천년로 항장곡(桐千年老 恒藏曲)
매일생한 불매향(梅一生寒 不賣香)
월도천휴 여본질(月到千虧 餘本質)
유경백별 우신지(柳經百別 又新枝)

한마음으로

오동은 천년을 지나도 항상 가락을 지니고,
매화는 일생을 춥게 살아도 향기를 팔지 않으며,
달은 천 번을 이지러져도 본질은 변치 않고,
버들은 백 번을 꺾여도 새 가지가 나온다.

＿ 신흠(申欽, 1566~1628)

1. 시몬 베드로 - 교회의 반석이 된 사도

베드로(Peter, 반석)는 12사도 가운데 사람 낚는 어부로 부르심을 받았다. 갈릴리 호수에서 예수님이 부르시자 모든 것을 버리고 따라나섰다.

"나를 따라오너라. 내가 너희를 사람 낚는 어부로 만들겠다."

그러나 예수님이 잡히시자 3번이나 모른다고 부인하였다. 그리고 동료들을 추동하여 다시 호수로 나가 고기 잡는 어부가 되었다.

시몬 베드로가 고기를 잡으러 가겠다고 하자 그들도 함께 가겠다고 따라나섰다.

그래서 예수님이 다시 호수로 찾아가셨다. 숯불을 피워서 생선을 굽고 떡도 데워주시며 베드로에게 말씀하셨다.

"내 어린 양을 먹이라."
"내 양을 치라."
"내 양을 먹이라."

어느 날 가이사라 빌립보에서, 예수님이 물었을 때 베드로가 선뜻 대답하였다.

"주님은 그리스도시요, 살아 계신 하나님의 아들이십니다."

그때 예수님이 베드로에게 교회의 반석이 될 것과, 천국의 열쇠를 받을 것을 일러주셨다. 이는 베드로의 신앙 고백에 따라 허락하신 약속이지만, 오순절을 맞아 마가의 다락방에 강림한 보혜사 성령으로 120명의 제자들을 통해 이루어졌다.

오순절이 되어 그들은 모두 한곳에 모여 있었다. 그때 갑자기 하늘에서 세찬 바람이 부는 소리가 나더니, 그들이 있는 온 집 안을 가득 채웠다. 그리고 혓바닥 같은 불길이 이리저리 갈라지며 나타나 각 사람 위에 내려앉았다. 그들은 모두 성령으로 충만하게 되었고, 성령이 시키시는 대로 각각 방언으로 말하기 시작하였다.

이 일은 오늘날 우리에게도 주어진 역사적 사건인바, 우리도 교회의 반석이 되고 천국의 열쇠를 받게 되었다. 이것이 사람 낚는 어부에게 주어진 특권이요, 사명이다.

"성령이 너희에게 임하시면 너희가 권능을 받고, 예루살렘과 유대와 사마리아와 땅 끝까지 이르러 내 증인이 되리라."

그리고 120명의 제자들은 성령을 충만히 받아 모두 밖으로 나가 복음을 전하기 시작하였다. 그들이 가는 곳마다 표적과 기사가 일어났고, 예수님의 말씀이 그대로 이루어졌다. 귀신이 쫓겨나가고, 앉은뱅이가 걸으며, 맹인들이 눈을 떴다. 죽은 사람도 다시 살아났다. 베드로가 설교하자 하루에 3천 명이 회개하고 돌아왔다.

그런데 그 제자들이 왜 돌에 맞아 죽고, 칼에 베어 죽고, 가죽이 벗겨져 죽고, 십자가에 달려 죽었을까? 예수님의 죽음과 부활을 자신의 삶으로 드러내었기 때문이다. 예수님이 그렇게 돌아가셨던바, 그들도 그

길을 따라갔던 것이다.

순교는 예수님의 길을 끝까지 따라간 사람만이 차지하는 영광이요, 특권이다. 순교자는 하나님의 나라에서 예수님과 가장 가까이 있다. 사람 낚는 어부는 날마다 자신이 죽는 것이다. 예수님처럼 복음을 전하다가 영문 밖으로 쫓겨나 죽는 것이다. 예수님과 같이 자신의 모든 것을 버리고 스스로 십자가를 지는 것이다.

> "자기 생명을 구하고자 하는 사람은 잃을 것이요, 나와 복음을 위해 자기 생명을 버리는 사람은 얻을 것이다."

한 톨의 밀이 땅에 떨어져 죽으면 많은 열매를 맺고, 죽지 않으면 한 알 그대로 있다는 원리는 십자가의 법칙이다. 순교자가 심은 복음의 씨앗이 땅에 떨어져 죽을 때마다 역사가 일어나고, 세계만방에 교회가 세워지며, 믿는 사람들이 늘어나게 된다.

베드로는 고기 잡는 배는 물론이고 어부로서 노하우도 아낌없이 버리고, 자기 아내와 장모, 동생까지 온 가족을 주님의 증인으로 내세웠다. 그리고 부인과 함께 로마에서 복음을 전하다가 거꾸로 십자가에 달려 죽었다.

> "내가 분명히 말한다. 새 시대가 되어 내가 영광의 보좌에 앉을 때, 너희도 12 보좌에 앉아 이스라엘 12지파를 심판할 것이다."

2. 니고데모 - 중생의 의미를 깨달은 스승

니고데모(Nicodemus, 승리자)는 바리새인으로 유대 최고의 스승이었으며, 산헤드린 공회의 의원이었다. 인품이 고상하고 부자였으며 백성의 존경을 받았다. 예수님을 하나님께서 보내신 예언자로 믿고 한밤중에 찾아와 면담하였던바, 중생의 의미를 깨닫게 되었다. 그리고 다른 공회원들이 예수님을 비난하자 변호하기도 하였다.

> "우리 율법에는 먼저 그의 말을 들어보고, 또 그가 한 일을 알아본 뒤에 심판하도록 되어 있지 않소?"

또 예수님이 십자가에 달려 돌아가시자, 아리마대 요셉과 함께 예수님의 시신을 모셔다가 정성껏 장례를 치러 드렸다. 이는 유대 지도자로서 명예는 물론이고, 목숨까지 건 아주 위험한 행동이었다. 그는 상당한 양의 침향과 몰약을 가지고 와서, 예수님을 만인의 왕으로 모시고자 예를 갖춰 장사를 지냈다.

비록 예수님을 직접 따라다니며 가르침을 받지는 않았으나, 유대인 최고의 스승으로서, 재산이 많은 부자로서, 주님의 숨은 제자로서, 자신에게 주어진 책임과 의무를 당당히 수행하였다. 일찍이 물과 성령으로 거듭나야 한다는 주님의 가르침을 받고, 그대로 삶을 실천하였던 것이다.

이후 니고데모는 자신의 모든 것을 포기하고 주님의 제자로서 길을 떠나 복음을 전했으며, 결국은 유대인의 시기로 순교하였다고 전해진다.

3. 아리마대 요셉 – 새 무덤을 주님께 드린 의인

아리마대의 요셉(Joseph, 돕는 자)도 니고데모와 같이 덕망 있는 공회원으로 부자였으며, 하나님의 나라를 기다리고 있었다. 그는 당대의 의인으로 공회의 일방적 결정과 행동에 따르지 않았으며, 빌라도 총독에게 예수님의 시신을 요구하여 자신을 위해 미리 파 두었던 새 무덤에 안장하였다.

사실 요셉도 예수님의 숨은 제자로서 자신의 인생을 통째로 담보하는 모험을 감행하였다. 예수님은 로마 황제를 반역한 죄, 즉 유대인의 왕으로 십자가 형벌을 받았던바, 그 잔당으로 간주될 여지가 있었다.

그래서 예수님이 체포되시지, 그 제자들이 스승을 버리고 다 도망을 갔던 것이다. 그리고 모든 문을 달아 걸고 대책을 논의하였다. 그때 부활하신 예수님이 찾아와 그들 가운데 서서 인사하셨다.

"너희에게 평화가 있기를!"

그러나 그들은 여전히 유대인들을 의식하여 벌벌 떨고 있었다. 그런 와중에 아리마대 요셉과 니고데모는, 유대인의 관습에 따라 예수님의 장례를 치르고 큰 돌을 굴려 입구를 막아 두었다. 그리하여 예수님은 금요일 저녁부터 일요일 새벽까지, 부활의 시간을 기다리며 새 무덤에서 평안히 쉴 수 있었던 것이다. 이들의 믿음과 용기에 찬사를 보내지 않을 수 없다.

유대의 전승에 따르면, 로마군의 백부장 롱기누스가 예수님의 옆구

리를 창으로 찔렀으며, 그때 흘러내리는 피를 요셉이 성배에 담았다고
한다. 이후 요셉은 유대인들의 모함을 받아 예수님의 시신을 훔친 죄로
40년 형을 언도받았으며, 나중에 출옥하여 잉글랜드로 건너가 복음을
전하며 교회를 세웠다.

4. 스데반 - 선교의 디딤돌을 놓은 순교자

초대 교회 부흥의 불길은 스데반(Stephen, 면류관)의 순교에서 비롯되었다. 하루에 3천 명이 주님의 품으로 돌아왔고, 예루살렘 시민의 1/3이 그리스도인이 되었다. 1907년 평양대부흥운동이 길선주 장로에 의해 '한국의 오순절'로 승화된 것도, 거슬러 올라가 보면 스데반의 순교에서 시작되었다고 해도 과언이 아니다.

이처럼 요원의 불길처럼 솟아오르던 초대 교회가 예기치 못한 시험에 빠져들었다. 아람어를 쓰는 토박이 성도들과 헬라어를 사용하는 교포 성도들 사이에 파열음이 생겼던 것이다. 순수한 구제 사역에 지역주의에 따른 차별이 들어왔기 때문이다.

이 불만을 해소하기 위해 사도들이 헬라어를 구사하는 그리스도인 가운데 7명을 뽑아 보조자로 세웠다. 이들은 모두 이방인으로 성령과 지혜가 충만하였는바, 모든 성도들이 인정하고 존경하였다. 그들 7명 가운데 대표적 인물이 바로 스데반이었다.

당시 가이사랴에 고넬료라는 로마의 백부장이 있었다. 그의 가정은 베드로에 의해 이방 선교의 주춧돌이 되었다. 고넬료는 베드로를 만나기 전부터 하나님을 섬기며 경건한 생활을 하였다. 그가 베드로를 초대하여 말씀을 듣고, 그의 온 가정이 예수를 믿게 되었다.

그런데 그 고넬료에게 복음을 전한 사람이 바로 스데반이었다. 스데반은 헬라어와 히브리어를 동시에 구사할 수 있었는바, 민간을 두루 다니며 기적을 행하고, 복음을 전하는 일에 전력하였다.

스데반이 전한 메시지는 유대주의를 타파하고, 이방인에게 구원을 선포하는 것이었다. 하나님께서 유대 땅과 예루살렘 성전에만 계시는 분이 아니라, 이방인의 땅에서도 계시고 일하신다는 증거를 드러내었다.

하나님께서 아브라함에게 나타나신 곳이 이방인의 땅으로 메소포타미아의 갈대아 우르였고, 모세가 불꽃 가운데서 하나님을 만나고 부르심을 받은 곳도 호렙산이라는 이방인의 땅이었다. 스데반은 하나님의 살아계심을 이방인의 세계로 확산시킨 선구자였고, 예루살렘 성전에 계시던 하나님을 온 세상에 드러낸 선각자였다.

스데반은 하나님께서 모세의 성막에 거하기를 원하셨으며, 솔로몬이 지은 성전에 계시기를 원하지 않았다고 선포하였다.

"지극히 높으신 하나님께서는 사람의 손으로 지은 집에 계시지 않습니다!"

사실 광야의 성막은 고정식 건물이 아니라 이동식 천막이었다. 수시로 이동하며 떠돌아다니는 사람들의 예배 장소였다. 오늘 여기 세웠다가 내일 저리 옮길 수 있는 것이 성막이고 장막이었다. 하나님은 원래 유대 땅에 정착하신 것이 아니라, 광야에서 떠돌아다니는 사람들과 함께하셨다.

스데반은 언제 어디서나 항상 함께하시는 하나님을 강조하였다. 성전 중심의 유대인들이 이런 설교를 듣고 가만히 있을 리가 만무하였다. 급기야 스데반을 성전 밖으로 끌어내 돌로 치기 시작하였다. 그때 스데반의 죽음을 합당히 여기며, 그들의 옷을 지켜준 사람이 바로 그 유명한 사도 바울이었다. 그는 다소 출신으로 당시 사울이었다.

독일 신학자 마르틴 헹엘(Martin Hengel, 1926~2009)은, 철저한 바리새인으로 유대주의에 꽉 차 있었던 청년 사울에게 결정적 타격을 준 것이, 하나님은 언제 어디서나 항상 계신다는 스데반의 무소부재(하나님의 편재) 설교 때문이라고 하였다.

스데반은 예수님처럼 당당하게 복음을 전하다가 군중의 돌에 맞아 죽은 최초의 순교자였다. 제대로 한번 설교하고 화끈하게 순교한 사람이다. 그래서 누가는 스데반이 돌에 맞아 죽는 최후의 장면을 예수님이 십자가에 달려 죽을 때의 모습과 동일하게 기록하였다.

죽음을 목전에 둔 스데반이 하늘을 우러러 보니, 영광에 휩싸여 하나님의 우편에 앉으신 예수님이 자리에서 벌떡 일어나셨다고 하였다.

"보십시오, 하늘이 열리고 예수님이 하나님의 오른편에 서 계십니다!"

그리고 마지막 힘을 다해 부르짖었다.

"주 예수님, 제 영혼을 받아주십시오!"

실로 그는 십자가에 달려 부르짖으신 예수님처럼, 돌무더기에 깔려 죽어가면서도 무릎을 꿇고 큰 소리로 기도하였다.

"주님, 이 죄를 저들에게 돌리지 마십시오!"

이처럼 스데반은 내리쏟아지는 돌멩이 우박을 맞으며 조용히 눈을 감았다. 얼마나 위대하고 장엄한 죽음인가! 하나님의 은혜를 가로막는 유대주의 벽을 육탄으로 맞서 돌파한 위대한 순교자였다. 바리새파 사울의 유대주의 고정관념을 깨뜨린 것은, 자신의 목숨을 초개와 같이 버리고 당당하게 죽음을 맞이한 스데반의 '파레시아(정의)'가 있었기에 가능한 일이었다.

누가는 예수님을 가장 많이 닮은 모델케이스로 스데반을 세웠다. 사도행전을 기록하면서 스데반의 순교 이야기를 가장 중심부에 두었고,

스데반의 죽음과 바울의 개종을 관련시켜 스토리를 전개하였다.

　스데반은 제사장과 바리새인, 율법학자들에 의해 성전에만 계신 하나님을 해방시키고, 예루살렘과 유대, 사마리아와 땅 끝까지 복음을 전파한 이방인 선교의 선구자였다. 그의 설교 한편이 청년 사울을 개종시켰고, 견고한 예루살렘 성전의 벽을 허물어 로마까지 복음의 빛이 비치게 하였다.

　스데반의 순교를 계기로 초대 교회에서 가장 심각한 박해자로 등장한 사울이 결국은 이방인 최고의 선교사가 되었으며, 바나바의 적극적 지원으로 바울은 기독교 역사상 가장 위대한 주님의 일꾼이 되었다.

5. 사도 바울 - 교회의 기초를 놓은 선교사

사도 바울(Paul, 작은 자)은 베드로와 함께 교회의 기초를 놓은 기독교 역사상 가장 훌륭한 인물이다. 초대 교회에 2개의 진영이 있었다. 베드로가 유대인 교회의 지도자였다면, 바울은 이방인 교회의 지도자였다. 예루살렘 교회는 12사도를 중심으로 구성된 유대 기독교의 중심이었고, 안디옥 교회는 바울과 바나바를 중심으로 세워진 이방 기독교의 중심이었다.

바울은 기독교를 세계화시킨 이방인의 사도였다. 당시 세계 공용어인 헬라어에 능통하여 로마제국의 중심 도시로 다니며 복음을 전했으며, 가는 곳마다 교회를 세웠다. 복음서를 헬라어로 기록하여 각 지역 교회에 보내기도 하였다. 바울이 없었다면 기독교는 아람어를 쓰는 갈릴리 지역의 작은 종파로 남았을지도 모른다.

바울의 사역은 다마스쿠스에서 부활하신 예수님을 만나 회심함으로써 시작되었다. 철저한 바리새파 집안에서 태어나, 가말리엘 문하에서 엄격한 교육을 받은 율법주의자로서 스데반을 죽이는 데 동참하였다. 그런 그가 어떻게 목숨을 내놓고 그리스도의 복음을 증언하는 사람이 되었을까? 부활하신 주님을 만나 소명을 받았기 때문에 가능하였다.

사울이 다마스쿠스 그리스도인을 잡으러 가는 도중에 하늘에서 강력한 빛이 내려와 그를 둘러 비추었다. 그리고 하늘에서 소리가 들려왔다.

예수: 사울아! 사울아! 네가 어찌하여 나를 핍박하느냐?

사울: 주여, 당신은 누구십니까?

예수: 나는 네가 핍박하는 예수다!

그때 사울은 땅바닥에 꺼꾸러졌다. 그리고 간신히 일어나 눈을 떴으나 앞을 보지 못하였고, 동료들의 손에 이끌려 다마스쿠스 '곧은 거리'에 있는 유다의 집으로 들어가게 되었다. 거기서 3일 동안 식음을 전폐하며 기도하다가, 주님이 보내신 아나니아라는 제자를 만나 안수를 받게 되었으며, 그때 시력을 되찾아 주님이 명하신 사명을 부여받았다.

예수: 너는 내 이름을 이방인과 임금들과 이스라엘 자손들에게 전할 내가 택한 그릇이다.

바울은 이 말씀을 평생 가슴에 새기고 살았다. 그의 소명은 베드로처럼 직접 예수님께 받은 것이 아니라, 주님의 제자 아나니아를 통해 간접적으로 받았다. 하지만 이방 선교를 위해 그리스도의 종으로 부름 받은 것을 항상 자랑스럽게 여기며 신명을 바쳐 충성하였다.
이는 3차 선교여행을 마치고 예루살렘으로 올라가다가, 밀레도에서 에베소 장로들을 불러 밝힌 송별사에 잘 나타나 있다.

> "그러나 내가 달려갈 길을 다 가고, 주 예수님께 받은 사명, 곧 하나님의 은혜에 관한 복음을 전하는 일을 완성하기 위해서는, 나의 생명을 조금도 귀한 것으로 여기지 않습니다."

바울의 사명은 교회를 개척하여 사역자를 세우는 일이었다. 죽음도 마다않고 아시아와 유럽, 로마까지 3만㎞가 넘는 거리를 오가며 복음을 전하였다. 그는 가는 곳마다 교회를 세웠으며, 한곳에 그리 오래 머물러 있지는 않았으나 복음을 전하고 그냥 떠나지도 않았다.

복음을 전한 후 그 가정에 교회를 세우고 사역자를 파송하였다. 이렇게 복음이 뿌려진 자리는 지역 교회의 텃밭이 되었다. 사실 텃밭 없이 그냥 씨가 뿌려지면 어떻게 자라겠는가? 길가에 떨어진 씨앗처럼 새들이 와서 쪼아 먹을 것이다. 바울이 처음 시작한 교회는 모두 가정 교회였다.

2차 선교여행 중에 바울과 실라의 일행이 빌립보 성에 도착하였다. 거기서 복음을 전하다가 루디아를 만나게 되었으며, 그 집에 들어가 복음의 자리를 폈다. 그래서 루디아의 집에서 교회가 시작되었으며, 나중에 빌립보 교회가 되었다. 아울러 데살로니가 교회는 야손의 집에서, 고린도 교회는 브리스길라와 아굴라의 집에서 시작되었다.

바울의 사역은 신앙을 체계화하고 교회를 조직화하는 일이었다. 사실 바울은 남다른 능력을 가지고 있었다. 가정을 중심으로 교회를 조직하고 사역자를 세웠던 것이다. 조직이라는 뼈대를 굳건하게 세우고, 거기에 부흥이리는 살을 붙어 교회를 건강하게 만들었다.

1세기 바울의 복음 자리와 선교사 파송 제도를 세계 선교 현장에 그대로 적용한 사람이 있었다. 감리교 창시자인 18세기 요한 웨슬리였다.

"온 세계가 나의 교구다!"

그는 이렇게 슬로건을 내걸고 속회를 조직하기 시작하였다. 복음의 씨앗을 아무리 많이 뿌려도 그 씨앗이 자라날 터전과 가꿀 사람이 없으면 아무 소용이 없었기 때문이다. 그래서 먼저 그리스도를 영접한 사람들을 모아 속회(Class, 반)를 만들고, 권역마다 소사이어티(Society, 회)를 결성하여 성도들이 믿음으로 살아갈 수 있도록 공동체를 세웠다. 그리고 마지막으로 밴드(Band, 그룹)를 조직하여 교회 지도자를 양육하고 훈련시켰다.

사실 바울은 탁월한 조직의 명수였다. 사도행전에서 보면 바울의 일행으로 대략 20여 명의 사역자가 나온다. 동역자인 바나바와 실라를 비롯하여 디모데, 아볼로, 마가, 누가, 아리스타고, 세군도, 가이오, 두기고, 뵈뵈 자매 등이다.

세계 선교는 아무리 능력이 있어도 혼자서 할 수 없다. 선교 현장으로 많은 사람을 보내야 한다. 바울 뒤에는 빌립보 교회의 든든한 후원자 루디아도 있었다. 마게도니아 교회의 성도들도 선교 헌금을 모금하여 지원하였다.

바울의 동업자인 브리스길라와 아굴라 같은 든든한 사업가도 있었다. 선교 현장을 함께 누비고 다니며 그 일을 생생하게 기록한 누가도 있었다. 이 모든 사람이 합력하여 위대한 하나님의 선교 역사를 새로 썼던 것이다. 실로 바울은 주님의 복음을 위해 자신의 모든 것을 포기하고, 인생을 통째로 바쳐서 헌신한 사람이었다.

6. 바나바 - 바울을 세워 준 온유한 사도

사울이 다마스쿠스에서 부활하신 주님을 만나 회심하기는 하였으나, 그동안 박해에 앞장섰던 사람을 예루살렘의 성도들은 물론이고, 사도들까지 믿지 않았다. 그때 그를 데리고 다니며 변호하고 도와준 사람이 바로 바나바였다.

바나바(Barnabas, 위로의 아들)는 키프로스 출신의 유대인으로 부자였다. 자기 밭을 팔아 교회에 바치고 평생 헌신하며 충성하였는바, 바울과 함께 사도의 반열에 들게 되었다. 바나바는 안디옥 교회의 담임으로 파송되어 교회를 부흥시키고, 다소로 낙향한 사울을 데려다가 동역자로 세웠다. 바나바와 사울이 안디옥에서 얼마나 목회를 잘하였는지, 갈릴리 패거리로 하대받던 신자들이 처음으로 그리스도인(Christian)이라는 칭호를 듣게 되었다.

바나바는 주님의 일꾼을 아끼고 세워 주는 온유한 성품의 지도자였다. 유대인 랍비로서 율법주의자였던 사울을 복음적 선교사 바울로 만든 것도, 바나바의 온유한 성격과 자상한 인품이 있었기에 가능한 일이었다.

사실 자기보다 조금이라도 높은 사람을 시기하고 질투하는 것이 세상의 이치가 아닌가? 하지만 바나바는 그렇지 않았다. 안디옥 교회의 최고 지도자로서 다소까지 직접 찾아가 사울을 보조자로 영입하였으나, 얼마 후 그를 지도자로 앞세우고 자신은 뒤로 물러나 스스로 보조자가 되기를 조금도 주저하지 않았다.

바울이 마케도니아를 시작으로 로마까지 유럽 복음화에 앞장선 사도였다면, 바나바는 알렉산드리아를 기점으로 튀니지와 모로코까지 북아프리카 복음화에 기여한 사도였다. 이들의 헌신적 노력으로 유럽과 아프리카 지방은 90% 이상이 복음화되었다.

7. 디모데 - 믿음의 표상이 된 청년

디모데(Timothy, 하나님을 공경하는 자)는 형제들에게 믿음의 표상이 된 청년이었다. 마음이 청결하고 온유한 성품의 소유자였다. 바울이 일단 일을 저질러놓고 보는 성격이라면, 디모데는 바울이 저지른 일을 뒤에서 차분히 마무리하고, 양들을 보살피는 목자의 심성을 가지고 있었다.

"나는 그대 속에 있는 거짓 없는 믿음을 기억합니다. 그 믿음은 먼저 그대의 외할머니 로이스와 어머니 유니게 속에 있었으며, 지금 그대 속에도 있음을 나는 확신합니다."

그래서 바울은 디모데를 자기 아들처럼 사랑하였으며, 디모데는 바울을 떠나지 않고 항상 따라다니며 보필하였다. 로마 감옥에서 죽을 날이 임박함을 깨달은 바울은 디모데 보기를 간절히 사모하였다. 생의 마지막에 그리운 사람을 보고 싶어 하는 바울의 인간적 모습이었다.

"그대는 겨울이 되기 전에 여기 오도록 힘쓰시오."

이렇듯 바울은 마지막으로 디모데 보기를 간절히 원하였으나, 디모데는 그해 겨울이 지나서 지중해가 녹은 후 로마에 도착하였다. 그때 바울은 이미 순교하고 지상에 없었다. 디모데는 바울이 죽는 모습을 직접 보지는 못했으나, 순교한 바울의 뒷일을 끝까지 정리하고 바울의 뒤를 따랐다.

오늘날 로마의 바울기념교회 지하실에 디모데의 무덤이 있다. 디모데가 얼마나 바울을 그리워하고 사모하였는지 짐작하고도 남는다.

8. 루디아 - 바울의 든든한 재정 후원자

선교사에게 꼭 필요한 것은 신실한 동역자와 재정 후원자다. 선교하는 사람에게 재정을 후원하는 것은 마치 전쟁터에서 싸우는 병사에게 실탄을 제공하는 것과 같다. 재정이 없으면 아무리 유능한 선교사도 마음 놓고 복음을 전할 수 없다.

20세기 아프리카의 성자 알베르트 슈바이처(Albert Schweizer, 1875~1965) 뒤에는 그의 친지와 친구들의 어마어마한 재정 지원이 있었다. 미국 대각성운동을 주도한 세계 최고의 선교사 무디(D. L. Moody, 1837~1899)도 미국 부자들의 많은 후원을 받았다.

루디아(Lydia, 생산)는 바울의 유럽 선교를 뒷받침하는 가장 든든한 재정 후원자였다. 빌립보 성의 염색하는 사업자로서 바울의 사역을 직접 돕기도 하였으며, 바울이 로마의 감옥에 갇혔을 때 영치금도 보내주었다. 바울이 빌립보 교회에 특별한 애정을 갖도록 만든 여성이었다. 빌립보에 루디아기념교회가 있다.

9. 브리스길라와 아굴라 - 초대 교회 최고의 사업가 부부

브리스길라(Priscilla, 작은 노부인)와 아굴라(Aquila, 독수리) 부부는 글라우디오 황제의 유대인 추방령에 의해 로마에서 고린도로 이주하여 장막 사업을 하였다. 바울이 2차 선교여행 중에 고린도에 들렀다가 이들을 만났다. 그들은 바울을 영접하여 함께 일하며 고린도 교회를 세우게 되었고, 바울의 선교를 적극 지원하며 후원을 아끼지 않았다.

이들 부부는 로마에 본점을, 고린도와 에베소 등에 지점을 두고 사업을 크게 하였으며, 바울은 물론이고 이방인 교회의 든든한 재정 후원자가 되었다. 그래서 바울이 로마 교회에 이들을 소개하였다.

> "이들 부부는 나를 위해 자기 목숨도 아끼지 않았습니다. 나뿐만 아니라 이방인의 모든 교회도 그들에게 감사하고 있습니다."

이렇듯 브리스길라와 아굴라는 선교사와 교회를 섬기는 일에 재정 지원을 아끼지 않았으며, 성경에 나타난 가장 모범적 부부로서 섬김의 모델이 되었다. 아울러 당시 최고의 석학으로 알려진 알렉산드리아 출신의 아볼로를 자기 집으로 데려다가 복음을 가르칠 정도로 신앙심도 대단하였다.

알렉산드리아 출신으로 아볼로라는 유대인이 에베소에 왔다. 말을 잘하고 성경에 능통한 사람이었다. 그는 이미 주님의 말씀을 배워서 잘 알고 있었으며, 예수님에 대한 일을 열성적으로 전하고 정확히 가르쳤으나 요한의 세례만 알고 있었다. 그가 회당에서 담대히 말하기 시작하자, 브리스길라와 아굴라가 듣고 그를 자기 집으로 데려다가 하나님의 말씀을 더 자세히 설명하여 주었다.

10. 다비다 - 선행과 구제를 좋아한 청상과부

욥바에 다비다(Tabitha, 사슴), 곧 도르가(Dorcas)라는 여제자가 있었다. 다비다는 아람어로 암사슴이라는 뜻이며, 도르가는 헬라어로 영양(羚羊, Gazelle)을 의미한다. 이 제자는 평소 선행과 구제를 많이 하다가 갑자기 병들어 죽게 되었다.

그때 18㎞쯤 떨어진 룻다에 베드로가 머물고 있다는 소식을 듣고, 욥바의 사람들이 전갈을 보내 속히 와달라고 하였다. 베드로가 서둘러 욥바로 가서 무릎을 꿇고 기도하여 다비다를 살려 주었다. 그러자 그 주변에 사는 사람들이 다 예수님을 믿었다.

다비다는 항구 도시 욥바에 살던 청상과부로 일찍이 예수님을 믿어 신자가 되었다. 선행과 구제를 좋아하여 주님의 사랑을 적극적으로 실천하였던바, 도르가라는 헬라어 이름도 갖게 되었으며, 여성 제자라는 칭호도 처음으로 받게 되었다. 욥바는 예루살렘에서 서북쪽으로 55㎞쯤 떨어져 있었으며, 지금의 이름은 텔아비브 야포(Tel Aviv Yafo)로 요나가 다시스로 가는 배를 탔던 곳이다.

베드로가 욥바에 가서 보니, 사람들이 다비다의 시신을 깨끗이 씻어 다락방에 눕혀 놓았다. 거기 모든 과부가 모여 다비다가 만들어 준 속옷과 겉옷을 보여 주며 슬피 울고 있었다. 이는 유대인의 장례 풍습으로 미뤄볼 때 아주 이례적이었다. 욥바의 신자들이 다비다의 죽음을 너무 애석하게 여겼다는 방증이다.

일찍이 엘리야가 사르밧 과부의 죽은 아들을 안고 다락방에 올라가 기도하여 살려주었고, 엘리사도 수넴 여인의 죽은 아들을 다락방에서

기도하여 살려주었다. 마찬가지로 베드로도 다락방에 안치된 다비다를
기도하여 살려주었다. 욥바의 신자들이 베드로를 엘리야와 엘리사처럼
여겼다는 것이다.

11. 가룟 유다 - 돈에 눈이 먼 배신자

　가룟 유다(Judas, 찬양)는 주님의 12사도 가운데 하나였으나, 스승을 배반하고 배신자의 아이콘 모델이 되었다. 가룟(Iscariot)은 오늘날 이스라엘의 지명이지만, 배반자와 위선자, 거짓말쟁이 등의 나쁜 이미지를 가진 고유명사가 되었다.

　유다는 가룟 시몬의 아들로 예수님이 아끼는 제자였다. 사도들 가운데 유일한 유대 출신으로 예수 공동체의 재정을 맡아 신망이 두터운 사람이었다. 그런데 돈에 눈이 멀어 결국은 예수님을 팔고 말았다. 그는 베다니 마리아가 예수님의 발에 향유를 붓고 닦아드리자 분개하기도 하였다.

　　"어찌하여 이 향유를 비싼 값에 팔아 가난한 사람들에게 주지 않고 허비하는가?"

　요한은 그가 가끔씩 공금을 꺼내 쓰는 도둑이어서 그렇게 말했다고 기록하였다. 그때 예수님은 유다의 생각을 아시고, 그를 책망하시며 마리아를 격려하셨다.

　　"마리아는 내 몸에 향유를 부어 내 장례를 미리 준비하였다. 최선을 다해 자신의 할 일을 하였으니 가만히 두어라."

　그러나 유다는 끝내 못마땅하게 여기고 대제사장을 찾아가 흥정하였다.

"내가 예수를 넘겨주면 얼마나 주겠소?"

그들이 동의하여 은전 30개를 유다에게 건네주었다. 이는 당시 노예한 명의 몸값이었다. 그렇게 유다가 예수님을 팔았다. 예수님이 여러 차례 회개할 기회를 주었으나 그는 끝까지 회개하지 않고 탐심을 떨쳐버리지 못했다. 최후의 만찬을 하면서도 기회를 주었으나 그마저 받아들이지 않고 한밤중에 자리를 떴다.

겟세마네 동산에서 예수님이 피땀을 흘리며 기도하기를 마치셨다. 그때 유다가 한 떼의 로마군과 성전 경비병을 대동하고 나타났다. 밤이 깊어 누가 누군지 알아볼 수 없었다. 그래서 유다가 입맞춤으로 예수님을 그들에게 넘겨주었다.

예수님이 공회에서 정식으로 사형선고를 받으셨다. 그제야 유다가 양심의 가책을 느꼈다. 소 한 마리 값의 돈 때문에 부질없이 저지른 자신의 잘못을 크게 후회하였다. 그리고 받은 돈을 돌려주려고 하였다.

유다: 내가 무죄한 피를 팔아 정말 큰 죄를 지었소.
대제사장: 그것이 우리와 상관이오? 그대가 벌인 일이니 그대가 알아서 하시오.

이렇듯 유다는 스승을 배신한 자로서 마지막으로 용서를 구하려고 하였으나, 동족인 유대 지도자들에 의해 또 다른 배신의 쓴맛을 볼 수밖에 없었다. 그래서 일찍이 예수님이 이르셨다.

"그는 차라리 태어나지 않았더라면 자기에게 좋았을 것이다."

2006년 복원된 유다 복음에는 그가 예수님의 뜻에 따라 배신하였으며, 희생과 부활로 인류를 구원하려는 예수님의 계획에 충실하였다는 내용을 담고 있다. 하지만 4복음서 내용과 배치될 뿐만 아니라, 유다의 배신을 미화하므로 설득력이 떨어진다.

12. 아나니아와 삽비라 - 성령을 속이고 죽은 부부

초대 교회에 참으로 안타깝고 어처구니없는 사건이 일어났다. 아나니아(Ananias, 은혜)와 삽비라(Sapphira, 미모) 부부가 갑자기 죽게 되었던 것이다. 그들이 자기 땅 일부를 팔아 얼마를 떼어 감춰놓고, 나머지만 베드로의 발 앞에 갖다 놓았다.

베드로: 아나니아여, 어찌하여 사탄이 그대의 마음에 가득하여 성령을 속이고 땅값 중에서 얼마를 떼어 감췄소? 그 땅은 팔기 전에도 그대의 것이었고, 판 뒤에도 그대가 마음대로 할 수 있었지 않소? 그런데 어찌하여 성령을 속일 마음을 품었소? 그대는 사람을 속인 게 아니라 하나님을 속인 것이오!

이 말을 듣고 아나니아가 그 자리에 쓰러져 죽었다. 사람들이 보고 몹시 두려워하였다. 젊은이 몇 사람이 들어와 시신을 싸서 밖으로 메고 나가 묻었다. 그리고 3시간쯤 지나서 그의 아내 삽비라가 들어왔다. 삽비라는 방금 전에 무슨 일이 일어났는지 모르고 있었다.

베드로: 그대와 그대의 남편 아나니아가 땅을 팔아서 받은 돈이 이것뿐이오?

삽비라: 예.

베드로: 어찌하여 그대와 그대의 남편은 서로 짜고, 주님의 성령을 시험할 생각을 품었단 말이오? 보시오. 그대의 남편을 땅에 묻고 온 사람

들의 발이 문 앞에 이르렀소. 이제 그대를 메고 나갈 것이오.

그러자 삽비라도 그 자리에 쓰러져 죽었다. 젊은이들이 들어와 삽비라가 죽은 것을 보고 밖으로 메고 나가 그 남편 곁에 묻었다. 온 교회와 주변 사람들이 크게 두려워하였다.

이 일이 있기 전에 키프로스 출신의 바나바가 자기 밭을 팔아 사도들의 발 앞에 갖다 놓았다. 그때 아나니아 부부도 성령의 감동을 받고 자기 땅을 팔아 교회에 바치기로 약속하였다. 그래서 밭의 일부를 팔게 되었으나 여기저기 필요한 곳도 많고 해서 그 돈 일부를 감추고 나머지만 교회에 바쳤다.

그들은 성령의 감동을 무시하고 그냥 분위기에 휩싸여 성급하게 서원하였다고 생각하였다. 그러자 사탄이 그 틈새를 파고들어 그 약속을 온전히 지키지 못하게 만들었던 것이다. 이는 일찍이 뱀이 하와를 꼬드겨 선악과를 따먹게 만들었던 것과 같다.

사실 아나니아 부부는 하나님을 기만하고 성령님을 속였던바, 그 죄에 대해 즉각적인 형벌을 받았다. 이는 당시 부흥일로에 있던 교회의 타락을 방지하기 위한 선제적 조치였던 것이다. 사실 교회가 부흥하면 위선과 탐욕도 기승을 부리기 마련인바, 더욱 주의가 요구된다.

13. 롯 - 향락 문화에 빠진 가장

롯(Lot, 휘장)은 아브라함의 조카로 하란의 아들이다. 아브라함을 따라 갈대아 우르에서 하란을 거쳐 가나안 땅으로 이주하였다. 거기서 이집트로 내려갔다가 다시 네겝으로 이동하였다. 가축들이 늘어나 아브라함의 목자들과 롯의 목자들 사이에 다툼이 생겨났다. 그래서 롯은 아브라함과 헤어져 기름지고 아름다운 도성, 소돔으로 들어가 살았다.

그런데 소돔 성에 죄악이 만연하여 하나님께서 유황불로 멸망시키게 되었다. 그때 아브라함의 기도로 롯은 구원을 받았으나, 그의 아내는 끝내 미련을 버리지 못하고 뒤를 돌아보았다가 소금 기둥이 되었다.

롯과 그의 두 딸은 소알에서 요단 동쪽 산지로 이동하여 동굴에서 살았다. 큰 딸이 작은 딸에게 말했다.

> "여기에는 우리의 배필이 없으니, 아버지께 술을 드려 마시게 하고, 우리가 동침하여 인종을 퍼뜨리자."

그래서 그날 큰딸이 잉태하게 되었고, 다음 날 작은딸이 잉태하였다. 큰딸은 아들을 낳아 '모압(아버지의 씨)'이라 하여 모압 족속의 조상이 되었고, 작은 딸도 아들을 낳아 '벤암미(친족의 아들)'라 하여 암몬 족속의 조상이 되었다.

아브라함과 헤어진 롯은 떠돌이 생활을 청산하고, 소돔 성의 안락한 생활에 빠져들었다. 열심히 돈을 모아 좋은 집도 마련하였고, 두 딸은 장성하여 약혼자까지 두었는바 결혼식만 올리면 되었다. 이제 고생은

다 끝났다고 생각하며 평안히 쉬려고 하였다.

　그때 천사가 나타나 모든 것을 버리고 성을 떠나라고 하였던바, 롯과 그 아내의 마음이 편할 리가 없었다. 또 다시 그 지긋지긋한 떠돌이 생활을 해야 한다고 생각하니 머리가 지끈거렸다. 게다가 사위 될 두 사람이 그곳에 그대로 남았으니, 인간적으로 고뇌도 컸을 것이다.

　그래서 롯의 아내는 차마 떨어지지 않는 발길을 옮겨 길을 나섰으며, 그렇게 얼마쯤 가다가 멈칫멈칫하며 뒤를 돌아다보다 순간 돌아올 수 없는 몸이 되고 말았다. 이는 세속적 편리함과 재물에 대한 미련을 버리지 못한 탓도 있지만, 그보다 더 큰 잘못은 하나님의 말씀을 만홀히 여긴 탓이다.

14. 고라 - 교만으로 생매장된 선동자

고라(Korah, 우박)는 구약성경에 나타난 대표적 분열주의자요, 반역자다. 레위의 증손으로 모세와 아론의 사촌이었다. 성막 안에서 늘 하나님만 섬기다가 교만에 빠져들었다. 사사건건 모세를 대적하며 이집트로 돌아가자고 선동하였던바, 그 동조자가 250명이나 되었다. 추종자가 늘어나자 고라는 모세를 반역하는 일에 더욱 박차를 가하여 목소리를 높였다.

"당신들의 행동이 분수에 지나치지 않소? 여호와께서 이스라엘 민족을 선택하셨고, 우리 가운데도 계시기늘 어찌하여 당신들만 잘난 체하시오?"

그러나 모세는 사촌인 고라와 맞서 싸우기보다 하나님 앞에 엎드려 기도하기 시작하였다. 자기를 모함하는 고라와 그 무리에게 대립각을 세우지 않고, 하나님께 그 처분을 맡겼던 것이다. 그리고 그 모습을 고라의 자손들도 보게 하였다.

하나님의 심판으로 고라와 그 무리가 생매장될 때, 그를 따르지 않은 자손들은 하나님의 심판에서 제외되었다. 고라의 자손이 쓴 여러 편의 시가 그 사실을 증언하고 있다. 그들은 자기 아버지와 할아버지의 그릇된 길로 가지 않고, 오직 하나님만 바라보며 모세를 배반하지 않았다.

그들이 조상의 비참한 최후를 바라보며 뼈저리게 느낀 점은, 주의 집을 떠난 자들의 불행과 주의 집에 거하는 자들의 행복이었다.

"주의 성전에서 보내는 하루가 다른 곳에서 천 날을 지내는 것보다 낫습니다. 그러므로 내가 악인들의 집에 사는 것보다 내 하나님의 집에 문지기로 있는 것이 더 좋습니다."

고라의 자손은 자기 조상의 허물을 평생 잊지 않고 마음에 새기며 살았다. 예나 지금이나 사람이 죽지 않고 살아서 들림 받는 것이 최고의 영광이 아닌가? 그런데 그들의 조상이 산 채로 음부에 내려갔으니, 그들은 더욱 분발하여 하나님만 섬기게 되었다.

어쩌면 고라의 자손도 자기 조상의 허물을 숨기고 싶었을 것이다. 그러나 그렇게 하지를 않고, 스스로 죄인인 고라의 자손임을 드러내었다. 조상의 잘못을 거울 삼아 날마다 주님의 성전을 사모하며, 다시는 그런 죄를 지어서는 안 된다는 결의를 다졌다. 그래서 그들은 건축하는 자로, 찬송하는 자로, 성전의 문지기로 끝까지 충성할 수 있었다.

15. 발람 - 뇌물 공세에 넘어간 주술사

발람(Balaam, 타국인)은 이스라엘 백성을 파멸시킨 거짓 예언자로 유프라테스 강변에 위치한 메소포타미아 출신의 주술사였다. 그는 이방인으로 하나님에 대한 경외심은 가지고 있었으나, 모압 왕 발락의 뇌물 공세에 눈이 멀어 이스라엘 민족을 범죄에 빠뜨린 이중인격자였다.

출애굽하여 가나안 땅 입성을 목전에 둔 이스라엘 백성이 모압 평야에 진을 치고 있었다. 이들에게 저주를 하라는 모압 왕 발락의 끈질긴 요청을 받은 발람은, 여호와 하나님의 말씀만 전하겠다고 다짐하지만, 결국은 전령을 따라 모압 땅으로 내려감으로써 뇌물에 양심을 팔아먹고 말았다.

여호와의 천사가 길목에 나타나 그 앞을 가로막았으나, 발람은 영안이 가려서 보지 못하고 나귀만 알아보았다. 나귀가 한사코 길을 가지 않으려고 하자, 그는 분노하여 나귀에게 채찍질을 가하고 지팡이로 3번이나 내리쳤다. 그러자 나귀가 주인에게 불평을 터뜨렸다.

"제가 무엇을 잘못했다고 이렇게 3번씩이나 때리십니까?"

그때 발람의 눈이 열려 하나님의 천사를 보게 되었으며, 천사는 발락에게 가되 이스라엘 백성을 저주하지 말고 오히려 축복하라고 하였다. 그래서 발람은 발락의 압력에도 불구하고, 여호와의 명령에 따라 저주 대신 축복을 하게 되었다.

그러나 신약성경에서 베드로는 발람을 탐욕에 사로잡힌 거짓 예언자로 단정하고 있다.

"그들은 바른길을 버리고 그릇된 길로 갔습니다. 불의의 삯을 사랑한 불의의
아들 발람의 길을 따라간 것입니다."

또 유다서를 기록한 저자도 발람을 교만과 물욕에 사로잡힌 자라고
지적하고 있다. 발람의 행동이 신령한 것처럼 보이지만, 실상은 그 속에
교만이 깃들어 있었다는 뜻이다.

"그들에게 화가 미칠 것입니다. 그들은 가인을 길을 걸어갔으며, 삯을 바라고
발람의 그릇된 길에 빠져들었으며, 고라의 반역을 따르다가 망하였습니다."

가인은 하나님께서 자기 제사는 받지 않고 동생의 제사만 받는다는
이유로 아벨을 죽인 역사상 최초의 살인자이며, 발람은 뇌물에 눈이 멀
어 자기 본분을 망각한 거짓 예언자의 대명사이고, 고라는 레위 자손으
로 하나님의 사람인 모세를 반역한 패역자의 아이콘이다. 이들은 모두
돈과 권세, 명예를 추구하다가 패망의 길을 걸어갔다.
그리고 사도 요한은 우상 숭배와 음란의 죄를 발람이 발락을 꾀어 이
스라엘 백성에게 퍼뜨렸다고 지적하였다.

"그러나 네게 한두 가지 책망할 것이 있다. 너희 가운데 발람의 가르침을 따르
는 자들이 있다. 발람은 발락에게 이스라엘 백성을 꾀어 우상의 제물을 먹고
음란한 짓을 하도록 가르쳤다."

16. 아간 - 황금을 취하고 패가망신한 지도자

아간(Achan, 곤란)은 유다 지파 가운데 가장 유력한 세라의 증손이었다. 난공불락의 여리고 성을 무너뜨린 여호수아가 조그만 아이 성 전투에서 계속 패배하였다. 그런데 그 원인이 아간에게 있었다. 여리고 성에서 얻은 전리품을 자기 집 안에 숨겨두었던 것이다. 그래서 그의 온 가족이 그 재물과 함께 아골 골짜기에서 불살라졌다. 그는 작은 것을 탐하다가 멸문지화를 당한 이스라엘 역사상 가장 불행한 사람이었다.

성경은 아간을 영적 안목이 없는 소탐대실의 실패자로 규정하고 있다. 그는 이스라엘 민족의 중심에 선 유다 지파의 지도자로서, 유대 왕국을 통치하고 메시아를 탄생시킬 인물이었다. 가나안 정복 시 큰 역할을 하였으며, 하나님 말씀대로 지파를 이끌 책임이 그에게 있었다.

BC 1405년경, 이스라엘 백성이 가나안 땅에 들어가 먼저 여리고 성을 공략하였다. 요단강을 건너 처음 벌인 전쟁으로 모든 전리품을 하나님의 창고에 들이라고 하였다. 그런데 유다 지파를 이끌던 아간이 하나님의 명령을 어겼던 것이다. 자기 마음에 드는 물건 몇 개를 훔쳤던바, 외투 한 벌과 은 200세겔, 50세겔 나가는 금덩이 하나를 슬쩍하여 자기 집에 갖다 두었다.

그는 그 일만은 아무도 모를 줄 알았다. 전지전능하신 하나님을 바로 알지 못해 제대로 믿지 못하고, 자신의 잔꾀를 의지하였던 것이다. 사실 아간은 출애굽 2세대로 장래가 촉망되는 유력한 사람이었다. 하지만 그의 사고방식은 여전히 출애굽 1세대에 머물러 있었다. 최고 지도자 모세와 여호수아의 말에 귀를 기울이지 않고, 자기 마음대로 행동하였던 것이다.

아간의 탐욕은 자신은 물론이고, 이스라엘 백성에게 엄청난 해악을 끼쳤다. 한 지도자의 실수로 이스라엘 군대는 아이 성 전투에서 예상치 못한 패배를 거듭하였다. 그 전투에 임한 이스라엘 병사 3천 명이 스바림까지 쫓겨나 도주하였고, 36명이 살해당하는 끔찍한 낭패를 보았던 것이다.

사실 아이 성은 여리고 성에 비해 아주 작았다. 정말 창피할 정도의 패배였다. 아간이 자기 욕심을 채우려고 하나님의 말씀을 무시한 결과로서 그 희생은 너무나 컸다. 아간의 범죄가 잘나가던 이스라엘 백성을 하루아침에 고통의 나락으로 빠뜨렸던 것이다. 여호수아와 이스라엘 군대는 사기를 상실하고 불안에 휩싸일 수밖에 없었다.

아간의 범죄로 인해 죄 없는 어린 아이들까지 그의 가족은 몰살을 당하게 되었다. 이스라엘 회중 앞에서 그들을 돌로 쳐서 죽이고 불태웠던 것이다. 그가 그토록 갖고 싶었던 외투와 금덩이도 아골 골짜기에서 불태워져 한 줌의 재가 되고 말았다. 그렇게 하여 유다와 세라로 이어져 내려온 유다 지파의 한 가문이 문을 닫았다.

아간의 멸문지화는 여호수아 시대를 통틀어 가장 혹독한 형벌이었다. '아골(괴로움) 골짜기'라는 불미스러운 지명도 아간의 탐욕에 의해 생겨났으며, 이스라엘 지도에 공식적으로 표기되었다. 그래서 사람들은 지금도 황금에 눈이 멀어 이스라엘 백성을 곤경에 빠뜨리고 패가망신한 아간을 기억하고 있다.

17. 룻 - 이삭으로 시어머니를 봉양한 효부

기근을 피하여 모압 땅으로 이주한 나오미는, 남편과 두 아들을 잃고 둘째 며느리 룻만 데리고 고향 땅 베들레헴으로 돌아왔다. 효성이 지극한 룻은 가난한 이웃을 위해 이삭을 남기는 이스라엘의 풍습에 따라, 일꾼들이 떨어뜨린 이삭을 주워 시어머니를 봉양하였다. 그런데 그 밭의 주인이 마침 친척인 보아스였고, 나오미의 지혜로 룻은 그와 결혼하게 되었다.

룻(Ruth, 우정)은 사사시대 후반기, BC 1100년경 모압의 여인이다. 나오미의 며느리로 청상과부였다. 이스라엘 땅에 흉년이 들어 모압으로 내려간 엘리멜렉 집안의 남자들은 다 죽고, 시어머니 나오미와 며느리 둘만 남게 되었다.

나오미는 며느리 오르바와 룻을 모압에 남겨두고 자기만 고향으로 돌아가려고 하였다. 처음에는 두 며느리가 모두 시어머니를 따르겠다고 하였으나, 나오미의 간곡한 만류로 오르바는 눈물을 흘리며 돌아갔고, 룻은 끝까지 시어머니를 따르겠다고 하여 두 사람만 베들레헴에 도착하였다.

베들레헴 들판에서 이삭을 줍던 룻은 우연히 보아스를 만나게 되었고, 보아스는 룻과 나오미 고부의 소식을 듣고, 특별히 배려하여 곡식 베는 일꾼들에게 이삭을 많이 남기게 하였으며, 룻에게 친절을 베풀어 일꾼들과 함께 음식까지 먹게 하였다. 그 이야기를 들은 나오미는 보아스가 자기 집안의 유력한 친척임을 알고, 룻에게 다른 밭으로 가지 말고 거기서만 이삭을 주우라고 하였다.

나오미는 효성이 지극한 룻에게 보리를 타작하는 날을 맞아 보아스를 찾아가 기업 무를 책임을 청하라고 하였다. 룻은 나오미의 뜻에 따라 옷을 단정히 입고 밤에 보아스의 이불을 덮고 발치에 누웠으며, 보아스는 시어머니의 뜻에 순종하는 룻을 매우 귀하게 여겼다. 그래서 자기보다 가까운 친척 중에서 기업 무를 사람이 없으면 자신이 책임을 지겠다고 약속하였다.

보아스는 이른 새벽에 일어나 룻에게 양식을 주며 아무도 모르게 집으로 돌아가게 하고, 룻으로부터 모든 사실을 들은 나오미는 그 일이 성사될 때까지 모른 척하고 가만히 있으라고 당부하였다.

다음 날 아침 보아스는 성문으로 나가 나오미의 기업 무를 친척에게 책임을 다하라고 요구하였다. 그리고 거절하면 자신이 책임을 지겠다고 선언하였다. 그러자 그가 책임을 포기한다는 의미로 자기 신발을 벗어 보아스에게 던졌고, 보아스는 나오미의 기업 무를 책임을 이어받게 되었다.

그리하여 룻은 보아스와 결혼하여 오벳을 낳았고, 오벳은 이새를 낳았고, 이새의 다윗을 낳았다. 다윗 왕의 증조모로서 룻은 이방인과 미망인의 굴레에서 벗어나 예수님의 직계 조상이 되었다. 이는 지극한 효성으로 극심한 기근을 해소하고, 머나먼 이국땅에서 고부 간의 인간 승리를 안겨준 이방 여인 룻의 휴먼 드라마였다.

18. 나발 - 이웃을 외면하고 죽은 부자

BC 1017년에 사무엘이 죽자, 사울은 더욱 다윗을 죽이려고 쫓아다녔다. 그때 나발(Nabal, 야비한 자)이라는 사람이 갈멜에 목장을 가지고 있었다. 양이 3천 마리, 염소가 1천 마리나 되었다. 그가 목장에 와서 양털을 깎고 있었다.

그 소식을 듣고, 다윗이 몇 사람을 보내 정중히 먹거리를 요구하였다. 그러나 나발은 일언지하에 거절하고 다윗을 모욕하였다.

"도대체 다윗이란 자가 누구이며, 이새의 아들이 누구냐? 요즈음 종들은 저마다 주인을 버리고 뛰쳐나가는 세상이 되었다."

다윗이 분개하여 400명의 부하를 이끌고 쳐들어갔다. 그 소식을 듣고, 나발의 아내 아비가일이 마중을 나가 정중히 사과하고 용서를 구했다. 그런 줄도 모르고 나발은 자신을 위해 왕처럼 잔치를 베풀어 먹고 마시며 즐거워하였다. 그가 술이 깬 후 아비가일이 다윗이 쳐들어온 이야기를 들려주었다.

그러자 그는 충격을 받아 열흘 만에 심장이 멎어 죽고 말았다. 나발이 죽은 후 아비가일은 다윗의 아내가 되었다. 나발은 자기 죄로 인해 죽었고, 그의 아내와 재산은 모두 다윗의 소유가 되었다. 나발은 그 이름대로 미련한 자가 되었고, 아비가일은 지혜롭고 현숙한 여인으로서 하나님의 기쁨이 되었다.

나발은 평소 자기 양들과 목자들을 지켜준 다윗의 은혜를 외면한 것도 모자라, 하나님께서 기름 부은 종을 인격적으로 모독하고 멸시하였던바, 다윗은 물론이고 하나님의 분노를 사기에 충분하였던 것이다. 그렇게 하여 나발은 죽고, 아비가일의 슬기로 그 집안은 멸문지하의 위기에서 벗어나 구원을 받았다.

아비가일은 하나님께서 다윗을 끝까지 보호하시고, 그 원수들을 멸하실 것을 확실히 믿고 있었다. 나발은 미련하여 주인을 떠나 도망친 종으로 다윗을 치부하였으나, 아비가일은 하나님의 뜻을 제대로 알고 순종하였던 것이다. 그런데 그 결과는 천양지차였다.

나발은 미련하여 하나님을 뜻을 깨닫지 못했으며, 거칠고 야비한 성격에다가 어려운 이웃을 외면하고 도와줄 줄도 몰랐다. 부자로서 도리를 다하지 못하고, 자기만 먹고 마시며 취하여 즐기는 것이 인생의 전부인 양 생각하였다.

그러나 아비가일은 하나님을 경외하며 매사에 지혜롭게 대처하였다. 어려운 이웃을 돌보는 일에도 소홀하지 않았던바, 하나님의 큰 기쁨이 되었다.

19. 솔로몬 - 처첩으로 망조 든 지혜의 왕

BC 970년 다윗의 뒤를 이어 솔로몬(Solomon, 지혜)이 통일왕국 제3대 왕으로 등극하였다. 다윗과 우리야의 아내 밧세바 사이에서 태어나 부귀영화와 공명을 한몸에 누렸다. 그러나 말년에 우상을 숭배하여 왕국을 분열시키는 단초를 제공하였으며, 헛되고 헛되며 헛되고 헛되다는 말을 남기고 허무하게 인생을 마감하였다.

솔로몬은 여호수아가 분배한 12지파의 구역을 없애고 12개 행정구역을 새로 편성하였으며, 주변 국가와 교역을 장려하고, 통행세를 징수하여 부를 쌓았다. 성전을 건축하고, 아가서와 전도서 그리고 잠언과 여러 편의 시를 썼다. 한 아기를 놓고 두 어머니가 다투던 것을 지혜롭게 재판하여 온 백성의 존경을 받았다.

그러나 그의 밝은 면 뒤에는 어두운 면도 있다. 많은 여자를 첩으로 두고 호색에 빠져 사치스러운 생활을 즐겼으며, 징병과 징세, 과도한 노역 등으로 인한 백성들의 불만이 컸다. 바로의 딸을 아내로 맞이하고, 암몬인과 에돔인 등의 수많은 첩을 두고 우상을 숭배하였다.

솔로몬의 하렘(Harem, 규방)으로 알려진 궁전에 정실 700명과 첩 300명 등 1천 명의 여인들이 있었다고 한다. 노년에 그들의 요구대로 신전을 건축하게 하고, 자신도 거기서 분향하는 등 어처구니없는 죄를 범하였다. 하나님께서 두 번이나 경고하셨으나 솔로몬은 듣지 않았다. 그래서 아들 대에서 왕국을 분열시킬 것이라고 하셨다. 이는 그나마 다윗과의 약속 때문이었다.

초창기의 솔로몬은 역사상 전무후무한 부구영화를 누렸으나, 말년의 솔로몬은 완전히 정도를 벗어나 초라한 신세가 되었다. 성경은 그의 배신을 비난하고 있지만, 확고하게 단죄하지 않고 그 처분을 다음 세대로 미루었다.

결국 솔로몬은 말년에 전도서를 쓰면서, 일평생 부귀영화와 공명을 다 누렸으나 그 모든 것이 헛되고 헛되다는 말을 남겼다. 그러니 젊을 때 하나님을 찾으라고 유언적인 교훈도 남겼다. 그래서 솔로몬은 여자로 망조가 들어 크게 후회한 왕으로 기억되고 있다. 그의 치세는 그야말로 속 빈 강정이었다.

일찍이 사사 삼손은 이방 여인 데릴라 1명의 꼬임에 넘어가 눈이 뽑히고 힘이 빠져 실족하였으나, 솔로몬은 1천 명에 이르는 이방 여인의 꼬임에 빠져 우상을 숭배함으로써 망조가 들었다.

20. 사르밧 과부 - 순종으로 기근에서 벗어난 여인

BC 9세기, 아합 왕 시대의 예언자 엘리야의 말대로 이스라엘 땅에 극심한 기근이 들었다. 그때 엘리야는 요단 동쪽 그릿 시냇가에 숨어서 까마귀가 날라다 주는 음식을 먹고 있었다. 아침과 저녁으로 떡과 고기를 물어다 주었다. 가뭄이 너무 심해 시내마저 바싹 마르자 하나님께서 새로운 피난처를 지정하여 주셨다. 아합의 통치가 미치지 않는 시돈 지방의 사르밧 과부의 집에 가서 머물러 있으라는 것이었다.

사르밧(Zarephath, 염색, 헬라어 사렙다)은 지중해 연안에 있는 이세벨의 고향 시돈과 가까운 곳에 있었으며, 바알을 섬기는 지방이었다. 사르밧 과부는 이스라엘에서 태어나 이주한 것으로 보이며, 하나님을 섬기고 있었다. 오랜 가뭄으로 과부의 생계도 한계에 이르러 양식이라곤 한 움큼의 밀가루와 한 술의 기름밖에 남지 않았다.

그 과부가 땔감으로 나뭇가지를 주워서 아들과 마지막으로 떡을 만들어 먹고 죽으려고 하였다. 그때 엘리야가 사르밧의 성문에 이르렀다. 마침 나뭇가지를 줍고 있는 과부가 보였다.

엘리야   내게 마실 물을 좀 갖다 주십시오.

과부가 일어나 가려고 하자 다시 말했다.

엘리야: 먹을 것도 조금 가져다주시면 좋겠습니다.

과부: 어른이 섬기시는 주 하나님께서 살아계심을 두고 맹세합니다. 제게는 떡이 하나도 없습니다. 다만 뒤주에 밀가루 한 줌 정도와 병에 기름 몇 방울이 있을 뿐입니다. 그리고 보시다시피 저는 지금 땔감을 줍고 있습니다. 이것을 가지고 가서, 저와 제 아들이 죽기 전에 마지막으로 떡을 만들어 먹으려고 합니다.

엘리야: 두려워하지 마시고 가서, 방금 말한 대로 하십시오. 그러나 떡을 만들어 먼저 나에게 가지고 오십시오. 그 뒤에 당신과 아들이 먹을 떡을 만들도록 하십시오. 주님께서 이 땅에 다시 비를 내려주실 때까지, 그 뒤주의 밀가루가 떨어지지 않을 것이며, 그 병의 기름이 마르지 않을 것이라고, 주 이스라엘의 하나님께서 말씀하셨습니다.

과부는 그 말을 믿고 순종하였다. 그러자 그대로 다 이루어졌다. 이 일을 신약시대의 예수님도 인용하여 말씀하셨다.

> "엘리야 시대에 3년 반 동안 비가 내리지 않아 온 땅에 기근이 들었을 때, 이스라엘에 숱한 과부가 있었지만 그들 가운데 다른 아무에게도 보내시지 않고, 오직 시돈에 있는 사렙다 마을의 한 과부에게만 하나님께서 엘리야를 보내셨습니다."

이후 엘리야는 갈멜산에서 바알의 예언자 450명과 대결하여 승리하였고, 이스라엘 땅에 가뭄이 끝났음을 선포하였다. 그리고 나봇을 죽이고 포도원을 강제로 빼앗은 아합과 이세벨의 행위를 단죄함으로써, 이스라엘에 하나님의 법을 바로 세웠다. 말년에 엘리사를 후계자로 세우고, 회리바람을 타고 승천하였다.

21. 수넴 여인 - 믿음으로 예언자를 영접한 부인

어느 날 엘리사가 수넴(Shunammite, 완전한 자)에 이르렀다. 한 여인이 나와 강권하여 자기 집으로 모시고 가서 음식을 대접하였다. 이후 엘리사는 그곳을 지날 때마다 그 여인의 집에 들러 음식을 먹었다. 여인이 남편에게 말하였다.

여인: 그는 하나님의 거룩한 사람입니다. 작은 방을 담 위에 만들고, 침상과 책상과 의자와 촛대를 둡시다. 그가 우리에게 이르면 여기서 머물게 될 것입니다.

하루는 엘리사가 거기 이르러 그 방에 들어가 누웠다. 그리고 사환에게 말했다.

엘리사: 수넴 여인이 이렇듯 우리를 세심하게 배려하니, 무슨 필요한 것이 있는지 가서 알아보고 오너라.

사환이 가서 그대로 전했으나, 여인은 아무것도 구하지 않았다. 그래서 엘리사가 사환에게 다시 물었다.

엘리사: 그러면 우리가 여인에게 무엇을 해주면 좋겠느냐?
사환: 참으로 그 여인은 아들이 없고 남편은 늙었습니다.

엘리사가 여인을 불러 말하였다.

엘리사: 이 해가 지나고 내년 이맘때, 그대가 아들을 안을 것이오.
여인: 내 주 하나님의 사람이여, 당신의 계집종을 가만히 두소서.

그러나 여인은 잉태하여 엘리사가 말한 대로 1년 뒤에 아들을 낳았다. 아이가 자라서 추수하는 그 아버지에게 이르렀다. 그때 아이가 갑자기 두통을 호소하여 어머니에게 돌려보냈다. 아이가 낮 동안 어머니 무릎에 안겨 있다가 결국은 죽고 말았다. 수넴 여인이 죽은 아이를 엘리사의 침상 위에 두고, 문을 닫고 나와 남편에게 전하였다.

여인: 사환과 나귀를 보내주소서. 내가 하나님의 사람에게 다녀오겠습니다.
남편: 오늘이 초하루도 아니고 안식일도 아닌데, 어찌하여 그에게 가겠다는 말이오?
여인: 평안을 빕니다.

그래서 수넴 여인의 아들은 하나님의 사람 엘리사에 의해 다시 살아나게 되었다. 수넴은 술람미라는 곳으로 므깃도 남방 약 11㎞쯤에 있었으며, 잇사갈 지파의 땅이었다. 사울과 블레셋이 전투한 길보아가 그 부근이었다.

랍비들의 전승에 의하면, 수넴 여인이 다윗 왕을 시중 들었던 아비삭(열왕기상 1:3)의 동생이었으며, 선견자 잇도(역대하 9:29)의 아내로서 100세 넘게 살았다고 한다. 영적 통찰력이 뛰어났으며, 하나님의 사람에 대한 배려와 섬김이 특심하였던바, 죽은 아들을 살리는 신통력을 발휘하였다.

22. 게하시 - 욕심으로 문둥병이 든 사환

엘리사에 의해 나병을 고침 받은 시리아 장군 나아만은, 자기 나라에서 가져온 많은 예물로 보답을 하려고 하였으나 엘리사는 극구 사양하였다. 그 모습을 지켜본 사환 게하시(Gehazi, 게시의 골짜기)가 스승의 겸손이 지나치다고 생각하였다.

'저 사람은 우리 적국의 군대장관이 아닌가? 오늘 헤어지면 다시는 보지 않을 것이다. 이건 뇌물이 아니라 감사의 예물이다. 주는 것을 받지 않을 이유가 없다. 우리는 가난한 나라이고, 저들은 부강한 나라이다. 지금 선지자 수련생 가운데 생활이 어려운 사람들도 여럿 있고, 우리 주변에 생활고에 시달리는 사람들도 많다. 그래, 내가 어호와 하나님 앞에서 맹세하지만, 그를 쫓아가 무엇이든 조금 받아오고야 말겠다.'

그리고 나아만을 뒤쫓아 달려갔다. 나아만이 수레에서 내려 맞이하였다.

나아만: 무슨 급한 일이라도 있으십니까?

게하시: 다름이 아니오라 에브라임 산지의 선지자 수련생 2명이 와서 은화 1달란트와 옷 2벌이 필요하다고 합니다. 그래서 스승님이 저를 급히 보냈습니다.

나아만: 아, 그렇지 않아도 제 마음이 영 편치를 않았는데 참으로 잘되었습니다. 여기 1달란트를 더 드리겠습니다.

그리고 은화 2자루에 옷 2벌을 넣어 자기 부하 2명에게 메어다 주라고 하였다. 게하시가 자기 집 부근에서 그것을 받아 집에 숨겨두고 그들을 돌려보냈다. 그리고 스승에게 나아갔다.

엘리사: 게하시야, 네가 어디를 갔다가 오느냐?

게하시: 스승님, 저는 아무데도 가지 않았습니다.

엘리사: 그가 수레에서 내려 너를 맞이할 때, 내 영이 그 자리에 있었다는 사실을 너는 왜 모르느냐? 지금 그 돈이나 옷을 받을 때냐? 그렇게 태평하게 지낼 때가 아니지 않느냐? 이제 나아만의 문둥병이 너와 네 자손에게 붙어 떠나지 않을 것이다.

그때 게하시의 몸이 눈처럼 하얘졌다. 사실 게하시는 자신의 판단이 정당하다고 생각했을 것이다. 당시 제사장이나 예언자가 제물이나 감사의 예물을 받아 생활한 것이 사실이고, 하나님께서도 그것을 인정하셨기 때문이다.

게다가 선지자 수련생 가운데 생활이 어려운 사람들이 실제로 있었고, 엘리사의 재정을 맡아 관리하던 청지기로서 이래저래 자금이 필요했던바, 스승의 생각에서 벗어나긴 했어도 자신이 비자금을 조성할 필요가 있다고 느꼈을 것이다.

그러나 엘리사는 지금 그 예물을 받을 때가 아니라고 단호히 말하였다. 자신이 섬기는 여호와의 사심을 두고 맹세하며 거절하였지 않은가? 그렇다면 무엇인가 확고부동한 이유가 있었을 것이다. 게하시는 아무리 이해가 되지 않아도 스승의 결정을 당연히 따랐어야 했다.

어쩌면 나아만을 통해 시리아 백성에게 여호와 하나님의 신앙을 심어줄 생각이 있었는지도 모른다. 사실 나아만은 엘리사가 예물을 사양하자 이렇게 서원하였다.

"정녕 예물을 받지 않으시려면, 이 땅의 흙을 노새 2마리에 실어 제게 주십시오. 이제부터 여호와 하나님께만 제사를 드리겠습니다."

그러므로 게하시는 스승의 원대한 안목을 살피지 못했던 것이다. 지금 당장 눈앞에 펼쳐진 현실만 바라보고 부질없는 욕심에 사로잡혀 있었다. 게다가 엘리사가 이미 여호와의 사심을 두고 맹세한 것을, 자신이 다시 여호와 앞에서 맹세함으로써 스승의 맹세를 무력화시키는 오만을 범했던 것이다.

그리고 엘리사가 어디에 갔다가 왔느냐고 물었을 때, 솔직히 고백하고 용서를 구했어야 마땅함에도 거짓말로 변명하였다. 실로 게하시는 사사로운 욕심에 사로잡혀 스승의 권위를 무너뜨리고, 살아계신 하나님의 뜻을 만홀히 여긴 죄로 문둥이가 되었던 것이다.

아이러니하게도 적국의 오만한 장군 나아만은 겸손한 신자가 되어 자기 나라로 돌아가고, 예언자의 후계자로 신망을 받던 사환 게하시는 문둥병이 들어 자기 나라를 떠나게 되었다. 이것이 여호와 하나님의 주권적 심판이요, 절대적 공의이다.

23. 이세벨 - 남의 포도원을 강탈한 왕비

이세벨(Jezebel, 독자적 존재)은 페니키아 공주로 자라나 제7대 이스라엘 왕 아합의 왕비가 되었다. 바알을 숭배하면서 하나님의 예언자를 죽이는 등 이스라엘에 숱한 패악을 저질렀다. 여호와 하나님을 숭배하지 못하게 하고, 백성의 인권을 탄압하고, 엘리야와 엘리사 같은 예언자를 박해하고, 온갖 분쟁을 일으켜 국력을 크게 소모하였다.

엘리야는 이세벨의 악행으로 이스라엘에 큰 가뭄이 들 것을 예언하였고, 바알과 여호와 하나님 중에서 누가 참 신인지 대결하여 바알의 예언자 450명을 도륙하였다. 그들이 모두 살해되었다는 소식을 듣고 이세벨이 엘리야를 죽이겠다고 맹세하였으며, 엘리야는 광야로 피신하였다.

그때 왕궁 옆에 기름진 포도원이 있었다. 주인은 이스르엘 사람 나봇이었다. 아합이 그 포도원을 가지려고 하였으나, 나봇이 자기 조상의 유업이라며 팔기를 거절하였다. 이세벨이 왕을 모독하였다는 죄를 뒤집어씌워 나봇을 돌로 쳐서 죽이고 포도원을 강탈하였다.

그래서 엘리야가 그 포도원에서 아합을 만나 그와 그 후손이 모두 비명에 죽을 것이며, 이스르엘의 개들이 와서 이세벨을 먹을 것이라고 예언하였다. 그리고 얼마 후 아합은 시리아와 전쟁을 하다가 죽었고, 이세벨은 10여 년을 더 살면서 그 아들 여호람을 대신하여 섭정을 하였다.

이후 엘리야의 후계자 엘리사가 일어나 바알 숭배를 종식시키기로 결심하고, 예후라는 장군에게 기름을 부어 이스라엘의 새 왕으로 삼았다. 예후는 나봇의 포도원에서 여호람을 죽이고 이세벨의 궁으로 쳐들어갔다. 이세벨은 화장을 짙게 하고 몸을 단장하여 기다리고 있었다. 이세벨이 창문에서 예후를 내려다보며 조롱하였다.

예후가 그 옆에 있는 내시들에게 명하여 이세벨을 창밖으로 던지라고 하였다. 그들이 그대로 하여 엘리야의 예언이 모두 이루어졌다. 예후가 이세벨의 시체를 수습하여 페니키아 공주로서 장례를 치르라고 하였으나, 그녀의 시체는 이미 개들에게 먹힌 상태로 뼛조각 일부만 발견되었다.

이세벨은 자신의 죽음을 예견한 듯이 화려하게 몸을 치장하고 죽었다. 페니키아 공주로서 이스라엘 왕비가 되어 열정적으로 바알을 섬겼다. 부귀영화와 권세를 한몸에 누렸으며, 예언자 엘리야도 피신할 수밖에 없었던 이스라엘 역사상 가장 무서운 여자요, 독재자였다.

여호와 하나님을 적대시하고 그 예언자들을 무참히 죽였으며, 죄 없는 나봇의 포도원을 빼앗고 돌로 쳐서 죽이는 악독함을 그대로 보여 주었다. 그러나 그녀의 마지막은 너무나 처참하였다. 수히의 내시들에 의해 창밖으로 던져져 이스르엘의 개들이 몰려와 그 살을 뜯어먹고 피를 핥아먹었다. 실로 그녀의 삶과 죽음은 극과 극이었다.

24. 에스더 - 유대인의 생명을 구한 황후

북 왕국 이스라엘에 이어서 남 왕국 유다까지 BC 586년에 멸망하자, 유대인들은 열국으로 뿔뿔이 흩어지게 되었다. 그리고 100년쯤 지나서, 페르시아 제국에서 있었던 유대인의 구원 이야기가 성경에 나온다.

주인공 에스더(Esther, 별)의 히브리어 본명은 '하닷사(Hadassah, 은매화)'로 페르시아 제국의 왕후가 되면서 그 이름을 바꾸었다. 아하수에로 왕은 크세르크세스(Xerces, BC 485~465 재위)로 보이며, 총리대신 하만의 유대인 학살 음모에서 동족을 구한 드라마틱한 스토리가 전개된다.

유대인 하닷사는 아비하일의 딸로 용모가 빼어나고 마음씨도 고왔다. 일찍이 조실부모하고 사촌 오빠 모르드개의 양육을 받으며 불우한 환경에서 자라났다. 그러나 페르시아의 왕후 와스디가 폐출된 후 내시 헤개의 추천으로 아하수에로의 왕비가 되었다.

하만이 자기를 무시하는 모르드개에게 분노하여 모든 유대인을 죽이려고 계획을 세웠으며, 모르드개는 황후 에스더에게 편지하였고, 에스더는 왕에게 고하여 그 일을 모면하게 되는 한편의 드라마가 연출되었다. 아하수에로 왕은 자기를 암살하려는 자를 신고하여 화를 면하게 한 공로가 있는 모르드개를 총리로 삼고, 유대인을 죽이려는 칙령을 취소하고 하만을 나무에 매달아 대반전을 이루었다.

아하수에로의 왕비 와스디가 폐위되자, 새로운 왕비를 간택하기 위해 전국 127개 도성의 처녀들을 수산 성으로 모았고, 그 가운데 가장 현숙한 여인으로 에스더가 선택되어 왕후가 되었다. 그녀는 외모도 아름다웠지만 하나님을 믿고 의지하는 신앙심이 돈독하였던바, 모든 사람에게 사랑을 받았다.

에스더는 화장과 장식품으로 꾸민 외모의 아름다움만이 아니라, 하나님을 의지하는 믿음에서 우러나오는 청순함과 평온함이 그녀를 더욱 사랑스럽게 하였다. 인간적인 방법으로 왕비의 자리를 얻으려고 하지 않았으며, 그 과정과 절차는 물론이고 결과까지 전적으로 하나님께 맡겼다. 이런 믿음이 에스더를 왕후로 만들었던 것이다.

에스더는 왕후가 된 후에도 모르드개에게 변함없이 순종하였다. 비천한 신분에서 갑자기 높은 자리에 오르면 거만하고 우쭐대기 일쑤이지만, 양부이자 사촌 오빠인 모르드개에게 애정을 가지고 변함없이 순종하는 모습을 보였다.

그리고 4년이 지나서, 총리대신 하만이 자기에게 경의를 표하지 않는 모르드개에게 분노하였던바, 모르드개만이 아니라 아예 유대 민족을 말살하려고 음모를 꾸몄다. 그러자 모르드개가 에스더에게 유대인의 구원을 위해 왕에게 나아갈 것을 권하였다.

당시 아무리 왕후라고 해도 왕의 부름 없이 그 앞에 나아갈 수 없었다. 왕명을 어기는 것은 곧 죽음을 의미하였던바, 에스더의 갈등은 당연하였다. 그때 모르드개가 말하였다.

"이런 때에 네가 가만히 있으면, 우리 민족은 다른 방법으로 구원을 받을 것이고, 너와 네 집안은 모두 망하게 될 것이다. 네가 황후가 된 것이 이때를 위한 것인지 누가 아느냐?"

그래서 에스더는 모든 유대인에게 3일간 금식기도를 부탁하였으며, 자신도 3일 동안 금식기도를 마치고 말하였다.

"내가 죽으면 죽으리라!"

그리고 왕후의 예복을 차려입고 왕이 좌정하고 있는 안뜰로 나아갔다. 실로 자기 민족과 백성을 위해 목숨을 바칠 각오를 하였던 것이다. 그때 왕이 홀을 내밀어 에스더를 불러 말하였다.

"에스더 황후, 무슨 일이오? 당신의 소원이 무엇인지 말하시오. 내 나라의 절반이라도 기꺼이 주겠소!"

그러나 에스더는 바로 소원을 아뢰지 않고, 침착하게 행동하며 왕으로 하여금 자기 고민이 무엇인지 알기를 원하도록 유도하였다. 그녀의 사려 깊은 행동과 죽음을 각오한 용기, 그리고 여호와를 향한 믿음으로 동족을 구할 수 있었던 것이다. 그리고 원수 하만은 모르드개를 매달기 위해 만든 나무에 자기가 달려 죽게 되었다.

이렇듯 일촉즉발의 위험에서 유대 민족을 구원한 모르드개와 에스더의 뜻을 기리기 위해, 전국 127도에 흩어져 있는 유대인들로 하여금 아달월(12월) 14일과 15일을 기념일로 정하여 지키게 하였던바, 이날이 바로 부림절(Purim)이다.

제 5 편

재정 문답

구우(久雨)

궁거한인사 항일폐의관(窮居罕人事 恒日廢衣冠)
패옥향낭추 황휴부비잔(敗屋香娘墜 荒畦腐婢殘)
수인다병감 추뢰저서관(睡因多病減 秋賴著書寬)
구우하수고 청시야자탄(久雨何須苦 晴時也自歎)

사회 현실에 대한 비판

궁벽하게 사노라니 사람 보기 드물고,
항상 의관도 걸치지 않고 있네.
낡은 집엔 노래기가 떨어져 기어가고,
황폐한 들판엔 팥꽃이 남아 있네.
병이 많으니 따라서 잠마저 적어지고,
글 짓는 일로써 수심을 달래 보네.
비 오래 온다 해서 어찌 괴로워만 하겠는가,
날 맑아도 또 혼자 탄식할 것을.

_ 정약용(丁若鏞, 1762~1836)

1. 가난이 미덕인가?

그렇다. 스스로 가난하게 살면서 청빈을 즐기는 사람만이 가능하다. 아시시의 성 프란치스코, 영락교회의 한경직 목사님, 무소유의 법정 스님 등이 그렇게 살았다. 하지만 가난은 불편하다. 아무나 즐길 수 있는 은사가 아니다. 그만한 사명과 권능이 있어야 한다.

우리 중의 한 형제는 나름대로 안빈낙도를 즐기다가 평생 빚더미에 짓눌려 살아가고 있다. 빚도 특별한 은사라고 여기며 위안을 찾으려고 하였으나, 그런 은사는 세상에 없다는 사실을 발견하고 크게 실망하였다.

그러나 가난이 곧 빈곤을 의미하지는 않는다. 가난해도 자족하며 이웃을 돌보는 사람들이 있다. 이들은 매사에 넉넉하여 스스로 많이 가지기를 사양하고, 부족하지만 알뜰하게 살면서 나눔을 실천한다. 이것이 가난의 미덕이다.

사실 우리 주위에는 항상 도움의 손길을 필요로 하는 사람들이 있다. 지구촌에 20억 명 이상이, 북한에만 1천만 명 이상이 헐벗고 굶주리며 온갖 질병에 노출되어 있다. 이들을 돕기 위해서는 식량과 의약품이 필요하다.

우리는 열심히 일하고 벌어서 우리 주변의 가난한 사람들을 도와주어야 한다. 우리가 많이 가지면 가질수록 그들에게 돌아갈 분깃은 점점 줄어들게 된다. 이것을 우리는 알아야 한다.

결국 가난한 자들에게는 희망이 있고, 악한 자들은 벙어리가 되고 만다.

- 욥기 5:16

2. 교회에서 장사는?

안 된다. 교회 안에서 장사하지 말아야 한다. 주님의 몸을 이루는 공동체다. 주님을 장사치로 만들지 말아야 한다. 부득이한 경우에는 원가만 받든지, 그냥 공짜로 주어야 한다.

> 병든 사람을 고치고, 죽은 사람을 살리고, 문둥병자를 깨끗하게 하며, 귀신을 쫓아내어라. 너희가 거저 받았으니 거저 주어라.
>
> — 마태복음 10:8

3. 교회의 세습은?

사정에 따라서 가능하다. 가족에게 교회를 물려줄 수도 있다. 이른바 대를 이어서 충성하는 일이다. 하지만 교회의 재산과 권세를 자식에게 물려주려고 세습하는 행위는 범죄 중의 범죄요, 말도 안 되는 소리다. 그런 사람은 모든 직분을 박탈하고 교회에서 쫓아내어야 한다.

> 주님, 이 세상에서 받을 몫을 다 받고 사는 자들에게서 저를 구해주십시오. 주님이 몸소 구해주십시오. 그들은 주님이 쌓아두신 재물로 자기 배를 채우고, 남은 것을 자식들에게 물려주고, 그래도 남아서 자식의 자식들에게도 물려줍니다.
>
> — 시편 17:14

4. 교회의 재산은?

교인의 총유(總有)다. 재정 운영에 관한 규정을 만들어 투명하게 집행하고, 정기적으로 감사를 받으며, 인터넷 등을 통해 선제적으로 공개해야 한다. 공과금 등 경상비는 공동체가 월정회비 형태로 부담하여 충당하고, 사업비는 자원하여 연보하거나 모금하는 방식으로 하면 좋다.

교회 안에서와 그리스도 예수 안에서, 영광이 대대로 영원무궁하기를 빕니다. 아멘.

- 에베소서 3:21

5. 교회의 헌금은?

오늘날 교회의 헌금은 자선과 선교를 위한 것이다. 사역자의 생활비를 위한 것이 아니다. 하나님께 바치는 봉헌금의 의미도 아니다. 사실 하나님께서 무엇이 부족하여 성도들의 코 묻은 돈을 원하시겠는가? 다만 예배는 하나님께 드리는 것인바, 정성껏 감사를 표시한다는 자세만은 필요하다.

바나바와 사울은 안디옥 교회가 보낸 헌금을 예루살렘 교회에 전달하고, 마가라는 요한을 데리고 다시 안디옥으로 돌아왔다.

- 사도행전 12:25

6. 구제의 순서는?

불우한 어린이, 가난한 장애인, 외로운 노인, 그리고 여성과 남성 순서로 하면 된다. 하지만 틀에 박힌 법은 없다. 그때마다 성령님의 감동으로 슬기롭게 하면 된다.

선한 일에 아낌없이 돈을 쓰는 사람은 부유해질 것이며, 남에게 은혜를 베푸는 사람은 자기도 도움을 받을 것이다.

- 잠언 11:25

7. 돈보다 귀한 것은?

하나님의 상급이다. 이는 하나님의 영광을 위해 그의 나라와 의를 드러내는 사람에게 주어지며, 그리스도의 복음을 위해 이 땅에서 받는 고난을 통해서도 주어진다.

모세는 그리스도를 위하여 받는 모욕을 이집트의 재물보다 더 값진 것으로 여겼습니다. 그는 장차 받을 상을 내다보고 있었던 것입니다.

- 히브리서 11:26

8. 돈 없는 사람도 하나님을 섬길 수 있나?

오히려 돈 많은 부자보다 돈 없는 사람이 하나님을 섬기기 쉽다. 돈으로 하나님을 섬긴다는 자체가 어불성설이며, 돈에 집착하면 신앙뿐만 아니라 인생까지 망치게 된다.

> 하나님의 나라는 먹고 마시는 일이 아니라, 성령을 통해서 누리는 정의와 평화와 기쁨입니다.
>
> — 로마서 14:17

9. 돈의 개념은?

돈에 대한 개념은 구약과 신약이 약간 다르다. 구약에서는 부귀영화가 하나님의 말씀에 순종한 결과물로 주어진 경우가 많지만, 신약에서는 신자를 넘어뜨리는 위험한 물질로서 부정적인 입장을 견지한다. 물론 긍정적인 부분도 있지만, 이를 잘못 이해하면 번영 신학으로 이어질 수 있다.

자본주의 사회에서는 거의 모든 것이 돈과 결부되어 있다. 그래서 사람들은 신앙을 돈과 연결시킬 때 가장 좋아한다. 어느 때는 전 재산을 팔아 투자하기도 한다. 하지만 번영 신학에 따라 투자하는 것보다 더 어리석은 일이 없다.

하나님께서는 무엇이나 다 하실 수 있다. 불가능이 없다는 말이다. 하지만 사람이 투자한 액수에 따라 그 수익금을 돌려주는 약아빠진 장사꾼이 아니다. 그냥 무조건 순전히 공짜로 줄 사람에게는 주시고, 안

줄 사람에게는 누가 뭐래도 안 주신다. 이것이 하나님의 주권적 은혜이다.

하늘나라를 유력한 투자처로 생각지 마라. 이는 불경 중의 불경이다. 그럴 돈이 있거든 차라리 흘러가는 저 구름에게 투자하라. 그것이 오히려 나을 것이다. 하나님의 전지전능하심은 부자로 만들어 저주하실 수도 있고, 빈자로 만들어 축복하실 수도 있다는 사실을 명심해야 한다. 이것이 하나님의 통치 방법이다.

> 하나님이시여, 주는 영원히 통치하시고 주의 나라를 정의의 지팡이로 다스리십니다.
>
> – 시편 45:6

10. 돈의 기능은?

돈은 사람의 편의에 따라 만들어진 것이다. 물건의 가치를 판단하고 교환하며 지급하는 수단으로 삼는다. 따라서 사람이 만든 돈도 하나님께서 선히 여기시고 인정하여 주신다. 피조물의 피조물도 하나님의 소유이며, 하나님의 영광을 위한 도구로 사용되기 때문이다.

> 우리 모두의 아버지이신 하나님도 한 분이십니다. 그분은 모든 것 위에 계시고, 모든 것을 통해 일하시며, 모든 것 안에 계십니다.
>
> – 에베소서 4:6

11. 돈의 꽃은?

돈이 꽃을 피우면 우리의 인생도 꽃을 피울까? 반드시 그렇지만은 않다. 로또에 당첨되어 돈방석에 올라앉은 사람들 가운데 오히려 불행하게 된 사람이 더 많다고 한다. 돈이 선한 도구로 사용될 때는 아름다운 꽃을 피울 수 있지만, 악한 도구로 이용될 때는 위험천만한 가시가 될 수 있다.

제대로 준비되지 않은 상태에서 뚜렷한 목적 없이 주어지는 돈은 불행의 씨앗이 될 수 있다. 돈의 꽃은 사람에 따라 영원히 피지 않을 수도 있으며, 어느 날 잠시 보이다가 사라지는 안개와 같을 수도 있다.

> 지금 굶주리는 너희는 행복하다. 너희가 배부르게 될 것이다. 지금 우는 너희는 행복하다. 너희가 웃게 될 것이다.
>
> - 누가복음 6:21

12. 돈의 마법은?

돈은 사람을 살리기도 하지만 생사람을 죽이기도 한다. 사실 돈은 자기감정에 따라 색깔을 바꾸는 카멜레온과 같다. 부자라고 해서 다 행복한 것도 아니고, 빈자라고 해서 다 불행한 것도 아니다. 어떤 부자는 돈의 노예가 되어 비참하게 살아가는 반면, 어떤 빈자는 돈의 주인으로서 행복하게 살아간다.

> 너는 스스로 부자라고 하며 풍족하여 부족한 것이 조금도 없다고 하지만, 사

실은 네 자신이 비참하고, 불쌍하고, 가난하고, 눈멀고, 벌거벗었다는 것을 깨닫지 못하고 있다.

- 요한계시록 3:17

13. 돈의 맛은?

돈은 단맛, 쓴맛, 짠맛, 신맛, 매운맛, 감칠맛까지 다 가지고 있는 칵테일소스(Cocktail sauce)와 같다. 오늘날 사람들은 그 맛에 길들여질 수밖에 없고, 그렇게 먹고 마시며 몽롱한 기분에 휩싸여 살다가 죽어간다.

하지만 아프리카 원시림 속에서 자급자족하며 살아가는 원주민들은, 아직도 돈맛을 모른 채 행복하게 살아간다. 사실 돈만큼 짜릿하고 상큼한 맛도 없지만, 무미건조하고 비릿한 맛도 없다.

약삭빠른 장사 수단으로 네 재물을 늘렸으나, 그 재물 때문에 네 마음이 교만하였다.

- 에스겔 28:5

14. 돈의 미래는?

지금은 돈이 세상을 지배하고 있지만, 언젠가 때가 되면 없어질 것이다. 혹시 21세기를 넘어 더 멀리 이어지더라도 주님이 재림하시면 흔적도 없이 사라질 것이다. 그때 비로소 유토피아의 세상이 드러날 것이다. 사실 돈이 있는 곳에는 차별과 불평등이 있을 수밖에 없고, 참안식과 평화는 기대할 수 없다. 돈이 없어야 이상향이 도래한다.

몸이 건강하고 의식주에 문제가 없다면, 혹시 병이 들어도 치료받을 수만 있다면, 그리고 자신의 은사에 따라 주어진 사명을 수행할 수만 있다면, 우리에게 무슨 돈이 그리 필요하겠는가? 그때는 소유의 개념이 사라지고, 돈이나 재산이 너무나 거추장스럽고 귀찮게 여겨질 것이다.

> 너희는 착취를 일삼지 말고, 훔친 물건을 자랑하지 말며, 재산이 늘어도 그것을 의지하지 마라.
>
> - 시편 62:10

15. 돈의 법칙은?

지성이면 감천이라는 말이 있다. 사람이 할 수 있는 최선을 다하면 하늘이 감동하여 도와준다는 뜻이다. 이는 짠돌이나 구두쇠가 되라는 말이 아니다. 먹을 것 다 먹고, 입을 것 다 입고, 자기 마음대로 살라는 뜻도 아니다. 믿음이 필요한 이유가 여기에 있고, 지혜가 필요한 이유도 여기에 있다.

> 나는 세상에서 또 다른 것을 보았다. 빠르다고 해서 달리기에서 이기는 것도 아니며, 용사라고 해서 전쟁에서 이기는 것도 아니더라. 지혜가 있다고 해서 먹을 것이 생기는 것도 아니며, 총명하다고 해서 재물을 모으는 것도 아니며, 배웠다고 해서 늘 잘되는 것도 아니더라. 불행한 때와 재난은 누구

에게나 닥친다.

- 전도서 9:11

16. 돈의 속박에서 벗어나는 길은?

돈을 돌로 보면 된다. 돈에 초연하라는 말이다. 하지만 그것이 그리 쉽지 않다. 빚이 있을 경우에는 더욱 어렵다. 혹시 여윳돈이 있거든 아낌없이 베풀고 나눠 주어야 한다. 그러면 돈의 참 의미를 깨닫고 자유를 누리게 된다. 성경에서 돈과 가장 친근한 단어는 나눠 주는 것이다.

사실 나눔은 기독교의 처음이자 나중이요, 시작이자 완성이다. 나눔을 모르고 기독교의 본질을 말할 수 없다. 예수님은 가난한 자와 병든 자, 고아와 과부, 죄인과 장애인 등 사회적으로 소외된 계층의 친구로 오셨다. 지금도 하나님께서는 우리가 자선하는 자리에 함께하신다.

네가 완전한 사람이 되려면, 가서 네 재산을 다 팔아 가난한 사람들에게 주어라. 그러면 네가 하늘의 보화를 얻을 것이다. 그리고 와서 나를 따르라.

- 마태복음 19:21

17. 돈의 역할은?

저울이 무게를 재고 자가 길이를 재듯이, 돈은 물건의 가치를 계산하고 지급하는 수단으로 사용된다. 물물교환보다 한걸음 더 나아간 현대적 경제 시스템이다.

지금 나는 이렇게 3번째 여러분에게 갈 준비가 되었습니다. 그러나 여러분에게 폐를 끼치는 일은 하지 않겠습니다. 내가 구하는 것은 여러분의 재물이 아니라 바로 여러분입니다. 자식이 부모를 위하여 재산을 모아두는 게 아니라, 부모가 자식을 위하여 재산을 모아두는 것입니다.

- 고린도후서 12:14

18. 돈의 전래는?

BC 8세기 세계 최초로 만들어진 화폐, 중국의 명도전(明刀錢)은 춘추전국시대[12]에 잠시 사용되었다. 작은 칼처럼 생긴 청동기 화폐였으나, 서양에서는 BC 7세기 소아시아 지방에서 사용된 호박금(琥珀金, Electrum)을 정식 화폐로 본다.

이제 인류가 물물교환 경제에서 벗어나 화폐 경제로 접어든 지 3천 년 가까이 되었다. 오늘날 돈은 금본위제도(Gold standard)에서 벗어나 명목화폐(名目貨幣)로 바뀌었다. 국가나 민족 등 사회 구성원 간의 약속에 따라 경제적 가치를 표현한다.

돈 싫다는 사람이 있겠는가마는, 거짓말쟁이가 되는 것보다 가난한 편이 낫다.

- 잠언 19:22

---

12) 춘추전국시대(春秋戰國時代)는 BC 770년 중국의 주나라부터 진나라가 중국을 통일한 221년까지 550년간을 일컫는 말이다.

19. 돈의 정체는?

비가 내려 강이 되고 강물이 모여 바다가 되듯이, 돈도 그렇게 기세를 떨치며 세상을 휘어잡으며 흘러간다. 그러다가 어느 순간에 갑자기 수증기처럼 날아가 버린다. 그러나 그 수증기가 이리저리 엉겨서 다시 비가 되어 내리듯, 돈도 그렇게 다시 엉겨서 돌아온다. 이와 같이 돌고 돌다가 사라지고, 다시 돌아오는 것이 돈이다.

그때 너의 얼굴에는 기쁨이 넘치고, 흥분한 너의 가슴은 설레고, 기쁨에 벅찬 가슴은 터질 듯할 것이다. 풍부한 재물이 뱃길로 네게 오며, 이방 나라의 재산이 네게 들어올 것이다.

- 이사야 60:5

20. 돈의 주인은?

돈은 사람이 편의에 따라 만든 것이므로 그 주인은 당연히 사람이다. 하지만 사람을 만드신 하나님께서 사람이 만든 물건까지 주관하신다. 돈의 주인이 정말 사람이라면 죽어서도 가져가야 마땅할 것이다. 하지만 아무리 큰 부자도 그 돈을 가지고 천국에 들어가지 못한다. 알렉산더 대왕도 자신의 장례식을 통해 공수래공수거의 교훈을 보여주었다.

한 종이 두 주인을 섬길 수는 없다. 한 편을 미워하고 다른 편을 사랑하거나, 이편을 존중하고 저편을 무시하기 마련이다. 하나님과 재물을 함께 섬길 수는 없다.

- 누가복음 16:13

21. 돈의 지혜는?

돈이 주관하는 자본주의 세상에서 벗어날 수 없다면, 그 돈을 잘 다스리며 협력해야 한다. 무조건 터부시한다고 해서 좋을 것이 없다. 다만 그 돈에 지배당하지 않도록 조심해야 한다. 돈을 하인 다루듯 잘 부리고, 돈이 상전 노릇을 못하게 해야 한다.

사실 돈은 세상에서 거의 만능인 양 위장하고 다가온다. 까딱 잘못하면 그 돈의 권세에 무릎을 꿇게 된다. 돈이 맘몬의 우상으로 다가오지 못하도록 단단히 무장해야 한다. 이것이 돈에 대한 지혜이다.

우리가 잘 몰라서 그렇지, 돈은 버는 것보다 쓰는 것이 훨씬 더 어렵다. 자신의 분수에 맞게 적당히 벌고 알맞게 사용해야 한다. 그러면 돈이 사람을 주인으로 알고 잘 받들어 섬길 것이다.

> 지혜로운 사람과 함께 다니면 지혜를 얻지만, 미련한 사람과 사귀면 해를 입는다.
>
> - 잠언 13:20

22. 돈의 화신은?

돈의 화신은 맘몬13)이다. 고대 사회를 지배하던 바알14)이 오늘날 황

---

13) 맘몬(Mammon)은 부와 탐욕, 돈과 재물 등이 우상화되어 사람을 지배하는 상태를 말한다. 예수님은 정의의 하나님과 불의의 맘몬을 동시에 섬길 수 없다고 단호하게 말씀하셨다.
14) 바알(Baal)은 BC 14세기부터 동방의 여러 나라에서 숭배한 풍요와 다산의 신이다.

금만능주의 시대에 발맞춰 그 이름을 바꾸고 다가온 것이다. 사실 맘몬은 부정직하고 탐욕스러운 자들의 우상으로 군림하며, 시도 때도 없이 나타나 속박하려고 한다. 부귀영화를 앞세워 소유를 강조하며 탐심을 부추긴다.

맘몬은 스스로 청빈을 즐기며 자족하는 사람들을 가장 싫어한다. 그들도 맘몬을 가장 껄끄러운 상대로 여기며 조심한다. 사실 맘몬은 탐욕의 화신인바 검소하고 순수하게 사는 사람들에게는 잘 다가오지 않는다. 그들에게서 얻을 몫이 없기 때문이다.

> 탐욕은 지혜로운 사람을 어리석게 만들고, 뇌물은 지혜로운 사람의 마음을 병들게 한다.
>
> - 전도서 7:7

23. 돈의 힘은?

이 세상을 지배하고도 남을 만큼 큰 힘을 가지고 있다. 일찍이 사유재산을 인정하지 않고 재산의 공유를 실현함으로써 부의 편중을 해소하고, 모든 사람이 평등한 이상적 사회를 실현하기 위해 공산주의가 생겨났으나, 100년도 못 가서 모두 항복하고 말았다.

> 너희 재물이 있는 곳에 너희 마음도 있다.
>
> - 누가복음 12:34

24. 돈은 누가 벌게 하는가?

사람이 스스로 일해서 벌기도 하지만, 하나님께서 그 능력과 지혜를 주시기도 한다.

네 하나님 여호와를 기억하라. 그가 네게 재산을 모으도록 능력을 주셨다.

- 신명기 8:18

25. 돈은 어떻게 써야 하는가?

어려운 이웃에게 아낌없이 나눠 주어야 한다. 그래야 영원한 생명을 얻을 수 있다.

그대는 이 세상 부자에게 명하여 교만하지도 말고, 덧없는 재물에 소망을 두지도 말고, 오직 우리에게 모든 것을 풍성히 주시고 즐기게 하시는 하나님께 소망을 두라고 하십시오. 그리고 선을 행하고, 좋은 일을 많이 하고, 아낌없이 베풀고, 즐겨 나눠 주라고 하십시오. 그렇게 장래를 위해 좋은 터를 쌓음으로써, 그들은 영원한 생명을 얻게 될 것입니다.

- 디모데전서 6:17-19

26. 돈을 빌려달라고 하면?

그 용도가 어디에 있는지 살펴보아야 한다. 생명이 위급하거나 무슨 긴급한 사정이 있을 때는, 내가 빚을 지는 한이 있더라도 우선 도와주어야 한다. 하지만 그 용도가 불분명하거나 선한 역량을 끼치지 못할 경우에는 거절해야 한다.

그리고 그가 정 갚을 능력이 못 되면 탕감해 주어야 한다. 너무 오랫동안 빚에 시달리지 않도록 해야 한다.

네게 달라는 사람에게 주고, 꾸려는 사람의 청을 물리치지 마라.

- 마태복음 5:42

너희가 가난한 내 백성에게 돈을 꾸어 주었으면, 빚쟁이처럼 독촉해도 안 되고, 이자를 받아도 안 된다.

- 출애굽기 22:25

27. 돈을 사랑하는 것이 죄인가?

바로 죄라고 하기는 어려워도 돈을 인격화시켜 사랑해서는 안 된다. 이 세상 모든 죄악의 근원이 거기서 나온다. 하지만 돈을 소중히 여기고 아껴야 한다. 그래야 돈을 모을 수 있고, 어려운 이웃을 도와 줄 수 있다.

돈을 사랑하는 것이 일만 악의 뿌리입니다. 돈을 좇다가 믿음에서 떠나 헤매

기도 하고, 많은 고통을 당하고 마음의 상처를 입기도 합니다.

- 디모데전서 6:10

28. 돈을 섬길 수 있는가?

섬길 수 없다. 절대 섬겨서는 안 된다. 돈은 섬김의 대상이 아니라 사람이 지배하고 다스릴 물건이다. 하나님의 나라는 가시적이고 불가시적인 세상을 모두 포함하며, 정의와 평화와 기쁨을 추구한다. 이 세상을 농락하는 돈과 짝하면 이 모든 것이 파괴된다.

하지만 자본주의 세상에서 살아가려면 반드시 돈이 필요하다. 여기서 불협화음이 생길 수도 있다. 이 함수 관계를 잘 풀어나가야 하며 조화롭게 대처해야 한다. 예수님의 교훈에서 그 정보를 찾고, 성령님의 영감으로 지혜를 받아야 한다.

사실 우리에게는 돈을 다스리고 통제할 능력이 없다. 오직 하나님만이 그에 대한 해답을 가지고 계신다. 우리는 이 세상을 지배하는 돈이 아니라, 하나님의 영광을 드러내는 하늘의 보화를 찾아야 한다. 그 길만이 우리를 착한 재정의 나라로 인도할 수 있다.

아무도 두 주인을 동시에 섬기지 못한다. 한쪽을 미워하고 다른 쪽을 사랑하든가, 이쪽을 중히 여기고 저쪽을 무시하기 마련이다. 너희는 하나님과 돈을 겸하여 섬길 수 없다.

- 마태복음 6:24

29. 돈이 사람을 차별하는가?

차별하고 가릴 수도 있다. 사실 돈은 정직하고 겸손하며 부지런한 사람을 좋아한다. 하지만 오만하고 불의한 자, 술꾼과 먹보, 잠꾸러기와 게으름뱅이, 거짓말쟁이와 사기꾼 등은 싫어한다. 그들에게 돈은 붙어 있을 시간이 없다.

게으른 사람은 사냥한 것도 불에 굽지 않지만, 부지런한 사람은 귀한 재물을 얻는다.

- 잠언 12:27

의인의 집에는 많은 재물이 쌓이나, 악인의 소득은 고통을 가져온다.

- 잠언 15:6

늘 술에 취하여 먹기만을 탐하는 사람은 재산을 탕진하게 되고, 늘 잠에 빠져 있는 사람은 누더기를 걸치게 된다.

- 잠언 23:21

30. 돈이 악할 수 있는가?

원칙적으로 돈은 선도 아니고 악도 아니다. 하지만 사람이 다루기에 따라서 선도 될 수 있고 악도 될 수 있다. 사실 돈만큼 변화무쌍하게 다가오는 물건도 드물다.

나는 세상에서 한 가지 비참한 일을 보았다. 아끼던 재산이 그 임자에게 오히려 해를 끼치는 경우가 있다.

- 전도서 5:13

사람이 자녀를 100명이나 낳고 오랫동안 살았다고 하자. 그가 아무리 오래 살았다고 하더라도, 그 재산으로 즐거움을 누리지도 못하고, 죽은 다음에 제대로 묻히지도 못한다면, 차라리 태어날 때 죽어서 나온 아이가 그 사람보다 더 낫다.

- 전도서 6:3

부유한 재산은 사람을 속일 뿐이다. 탐욕스러운 사람은 거만하고, 탐욕을 채우느라고 쉴 날이 없다. 그러나 탐욕은 무덤과도 같아서, 그들이 스올처럼 목구멍을 넓게 벌려도 죽음처럼 성이 차지 않을 것이다.

- 하박국 2:5

31. 돈이 많으면 만족할까?

사람의 욕심은 끝없는 구렁텅이 같다. 아무리 돈이 많아도 만족하지 못한다. 바닷물과 같아서 마시면 마실수록 더 갈증을 느낀다.

돈을 사랑하는 자는 돈으로 만족함이 없고, 풍부를 사랑하는 자는 소득으로 만족함이 없다.

- 전도서 5:10

32. 돈이 하나님의 축복인가?

그럴 수도 있고, 그러지 않을 수도 있다. 돈은 하나님의 뜻으로만 주어지는 것이 아니다. 사람의 노력으로도 얼마든지 취할 수 있고, 드물게는 사탄의 유혹으로도 주어질 수 있다. 그러므로 돈이라고 해서 다 하나님의 축복일 수는 없다.

사실 돈벌이에 대한 교훈은 왕도가 없다. 믿는 자나 믿지 않는 자의 차이도 별로 없다. 오히려 믿지 않는 자가 더 많은 돈을 벌 확률이 높다. 누가 얼마나 깨끗하고 정직하게 취하는가의 문제만 남을 뿐이다.

> 그것은 내가 거만한 자를 시샘하고, 악인들이 누리는 평안을 부러워했기 때문이다.
>
> - 시편 73:3
>
> 거만한 눈과 교만한 마음과 악인의 성공은 다 죄가 된다.
>
> - 잠언 21:4

33. 목사도 부자로 살 수 있는가?

목사도 사람이니 부자로 살 수는 있을 것이다. 하지만 세상에서 그보다 더 부끄러운 일은 없다. 목사뿐만 아니라 모든 종교 지도자가 마찬가지라고 본다. 소위 정신적 지도자라는 사람이 세속적 부자로 살면서 어찌 사회의 정의를 선포하고, 안빈낙도를 가르치며, 청지기 정신을 말하겠는가? 이는 파렴치한이 아니고서는 불가능한 일이다.

우리는 슬퍼하는 사람 같지만 항상 기뻐하고, 가난한 사람 같지만 많은 사람을 부요하게 하며, 아무것도 없는 사람 같지만 모든 것을 소유한 사람입니다.

- 고린도후서 6:10

34. 번영 신학은?

믿는 사람은 누구나 부자가 되어야 하며, 부자로 살지 못하는 것이 잘 못 믿기 때문이라고 가르치는 사상이다. 이는 자신의 재산을 다 팔아 가난한 사람들에게 나눠주고, 금욕적 생활을 실천해야 한다는 스토아 학파15)에 대비되는 개념이다.

이는 양극단으로 모두 잘못된 가르침이다. 주님의 교훈은 물질을 숭배하는 배금주의(Mammonism)도 아니고, 물질을 기피하는 금욕주의(Stoicism)도 아니며, 속세를 떠나 살아가는 수도원주의(Monasticism)도 아니다.

하나님이 사람에게 부와 재산을 주셔서 누리게 하시며, 정해진 몫을 받게 하시며, 수고함으로써 즐거워하게 하신 것이니, 이 모두가 하나님이 사람에게 주신 선물이다.

- 전도서 5:19

---

15) 스토아(Stoa)학파는 BC 4세기 그리스 철학자 제논(Zenon)에 의해 시작되었으며, 금욕과 극기를 강조하였다.

35. 보험은 들어야 하는가?

자동차보험이나 화재보험, 불특정 다수를 위한 상해보험 등은 교회가 의무적으로 들어야 한다. 불운은 누구에게나 찾아오기 마련인바, 만사 불여튼튼이라고 사전에 준비해야 한다. 하지만 개인을 위한 보험은 여윳돈이 있을 때 들어야 한다. 빚을 안고 굳이 보험에 들 필요는 없다고 본다. 이런저런 보험에 자꾸 들다가 보면 불신에 빠질 수도 있다.

> 그래서 미련한 자는 말이 많은 법이다. 앞으로 무슨 일이 일어날지 아는 사람은 아무도 없다. 그가 죽은 다음의 일을 누가 그에게 말해줄 수 있겠는가?
>
> – 전도서 10:14

36. 부귀영화는 어디서 오는가?

사람이 마음먹기에 따라서 찾아오기도 하고 달아나기도 한다. 스스로 돈을 많이 벌어서 부귀영화를 누리겠다는 생각은 오산이다. 사실 진정한 부귀영화는 하나님께서 그 믿음을 주실 때만 가능하다. 돈이 많다고 해서 바로 주어지는 것이 아니다. 하나님의 나라는 결코 돈으로 얻을 수 없다.

> 주님은 사람을 가난하게도 하시고 부유하게도 하시며, 낮추기도 하시고 높이기도 하신다.
>
> – 사무엘상 2:7

나는 또 네가 달라고 하지 않은 부귀영화도 너에게 주겠다. 네 일생 동안, 왕 가운데서 너와 견줄 만한 사람이 없을 것이다.

- 열왕기상 3:13

부귀와 영화도 내게 있으며, 든든한 재물과 의도 내게 있다.

- 잠언 8:18

37. 부자가 되려면?

돈이 많다고 해서 다 부자는 아니다. 부자의 기준은 소유의 넉넉함에 있는 것이 아니라, 얼마나 많이 베풀고 나눠 주느냐에 달려 있다. 재산을 늘면 근심도 늘어나기 마련이다. 그러므로 가난하게 살아가는 부자도 있고, 부유하게 살아가는 가난뱅이도 있다.

남에게 나눠 주는데도 더욱 부유해지는 사람이 있는가 하면, 마땅히 쓸 것까지 아끼는데도 가난해지는 사람이 있다.

- 잠언 11:24

38. 부자는 누구인가?

부자는 자신의 소유로 만족하는 사람이다. 감사는 가난한 자를 부자로 만들고, 불평불만은 부자를 가난하게 만든다. 사람이 돈을 다스리지 못하면, 그 돈이 사람을 다스리게 된다.

아브라함과 욥, 사무엘, 니고데모, 아리마대 요셉 같은 사람은 의로운 부자였다. 그렇다면 오늘날도 의로운 부자와 불의한 부자가 있을 수 있다. 하지만 그 의와 불의를 사람의 논리적 잣대나 도덕적 기준으로 판단할 수 없다. 하나님께서 선히 여기시는 일을 사람이 무슨 수로 알겠는가?

사실 의로운 부자와 불의한 부자에 대한 기준은 하나님만 아시고, 그 판단도 하나님만 하신다. 사람이 왈가왈부할 일이 아니다. 다만 예수님은, 부자가 하나님의 나라에 들어가기란 심히 어려우며, 하나님만이 그 문제를 해결하실 수 있다고 하셨다.

> 내 처지가 어려워서 하는 말이 아닙니다. 나는 어떤 처지에서도 자족하는 법을 배웠습니다.
>
> - 빌립보서 4:11

39. 부자는 다 행복한가?

부자라고 해서 다 행복한 것이 아니다. 아낌없이 베풀고 나눠 주어야 한다. 그때 비로소 행복을 발견하게 될 것이다.

> 너희 부요한 자들에게 화가 있을 것이다. 너희가 스스로 위안을 받고 있기 때문이다.
>
> - 누가복음 6:24

부자는 돈으로 자기 생명을 구걸하는 경우가 있어도, 가난한 자는 협박받을 일이 없다.

- 잠언 13:8

가난하지만 정직하게 사는 자가 거짓된 부자보다 낫다.

- 잠언 28:6

40. 부자도 하나님의 나라에 들어갈 수 있는가?

부자라고 해서 하나님의 나라에 들어가지 못한다는 법은 없다. 다만 사람으로서는 할 수 없고, 하나님만이 하실 수 있다.

예수:　부자가 하나님의 나라에 들어가기란 정말 어렵다.

제자들이 이 말을 듣고 깜짝 놀랐다.

예수:　부자가 하나님의 나라에 들어가는 것보다, 낙타가 바늘귀로 지나가는 것이 더 쉽다.

제자들:　그렇다면 누가 구원을 받을 수 있겠습니까?

예수:　사람의 힘으로는 할 수 없지만, 하나님께서는 다 하실 수 있다.

- 마가복음 10:23-27

41. 부자로 사는 것이 죄인가?

딱히 죄라고 할 수는 없다. 부자는 부자대로 빈자는 빈자대로, 저마다 하나님의 영광을 드러낼 수 있기 때문이다. 그들이 나름대로 하나님께 영광을 돌릴 수만 있다면, 그것으로 충분하다고 본다.

나의 구원과 영광이 하나님께 있음이여, 내 힘의 반석과 피난처도 하나님께 있도다.

- 시편 62:7

42. 부자의 자세는?

벼는 익을수록 고개를 숙인다. 부자일수록 더욱 겸손해야 한다. 부자가 오만하면 가난한 이만 못하다.

지혜 있는 사람은 지혜를 자랑하지 말고, 용사는 힘을 자랑하지 말며, 부자는 재산을 자랑하지 마라.

- 예레미야 9:23

43. 불의한 부자는?

자본주의 세상에서 의로운 부자와 불의한 부자가 따로 있을 수 없다. 하지만 불의한 부자는 머지않아 망하기 마련이다.

불의로 재산을 모은 사람은 자신이 낳지 않은 알을 품는 자고새와 같다. 인생이 한창일 때 그 재산을 잃고, 말년에 어리석은 자의 신세가 될 것이다.

- 예레미야 17:11

44. 빚 갚기는?

무엇보다도 먼저 빚부터 갚아야 한다. 빚은 정말 지긋지긋한 괴물이다. 특별한 사정이 없으면 헌금이나 자선도 삼가야 한다. 도저히 갚을 능력이 없을 때는 신용회복지원이나 개인회생, 파산 등도 심각히 고려해야 한다. 빚부터 갚고 나서 나중에 더 많은 자선을 하면 된다.

남의 빚보증을 서는 자는 지혜가 없는 사람이다.

- 잠언 17:18

45. 빚보증은 어느 때 서야 하나?

원칙적으로 빚보증은 서지 않는 것이 좋다. 다만 특별한 사정이 있을 때는 서 주어야 한다. 그리고 그가 갚지 못할 경우에도 독촉하거나 안달하지 말아야 한다. 그의 사정이 정 어려우면 대신 갚아 주어야 한다.

네게 달라는 사람에게 주고, 가져가는 사람에게 돌려달라고 하지 마라.

- 누가복음 6:30

모르는 사람의 보증을 서면 고통을 당하지만, 보증을 거절하면 안전하다.

- 잠언 11:15

이웃의 손을 잡고 서약하거나 남의 빚에 보증을 서지 마라.

- 잠언 22:26

46. 상거래의 원칙은?

정직과 신용이다. 여기서 믿음이 싹트게 된다.

사람은 모든 상거래에 있어서 정직해야 한다. 이것이 여호와께서 세우신 원칙이다.

- 잠언 16:11

47. 세금은?

당연히 내야 한다. 믿는 사람이 솔선수범해야 한다. 탈세하는 자는 매국노요, 도적이다.

> 여러분은 모든 사람에게 의무를 다하십시오. 바칠 세금은 바치고, 두려워할 분은 두려워하고, 존경할 사람은 존경하십시오.
>
> - 로마서 13:7

48. 속된 돈도 있나?

거룩한 돈과 속된 돈이 따로 있을 수 없다. 다만 그 돈을 쓰는 사람의 마음가짐과 태도에 따라 결과는 다를 수 있다. 사실 돈과 부는 하나님의 축복일 수도 있지만, 사탄의 올무일 수도 있다. 하나님의 나라와 돈은 거의 관계가 없지만, 돈이 없으면 하나님의 나라도 제한받을 수밖에 없다.

길거리의 돌과 모래가 황금인 천국에서 돈과 부가 무슨 필요가 있겠는가? 세상을 지배하는 돈과 부의 가치가 사라질 때, 하나님의 나라는 비로소 지상으로 임하게 된다.

사람의 생각에 따라서 돈은 얼마든지 선한 역량을 끼칠 수도 있고, 지옥의 앞잡이가 될 수도 있다. 예수님이 저주에 가까울 정도로 돈을 경고하신 이유도 세상이 그만큼 악하기 때문이다. 이른바 의로운 부자가 하나도 없기 때문이다.

국가를 경영하는 통치자나 기업체의 CEO, 가계를 주관하는 가장이다 청지기(Steward)요, 대리인(Agent)이라는 사실을 인식하고, 하나님께서 주인이심을 고백한다면 무슨 문제가 있겠는가?

하지만 부정부패와 비리는 사람이 사는 곳이라면 어디서나 있었으며, 오늘날 자본주의 사회에서 그 꽃을 활짝 피우고 있는바, 회복하기 거의 불가능한 상태에 놓이고 말았다.

> 너희가 세상의 재물을 취급하는 데 성실하지 못한다면, 누가 하늘의 참된 재물을 맡기겠느냐?
>
> - 누가복음 16:11

49. 속임수로 모은 재산은?

불행의 씨앗이 된다. 즉시 회개하고 돌려주어야 한다.

> 속여서 모은 재산은 너를 죽음으로 몰아넣고, 안개처럼 사라진다.
>
> - 잠언 21:6

50. 손쉽게 돈 버는 방법은?

불의한 방법 외에는 원칙적으로 없다고 본다. 어떤 사람이 말한 대로, 자기 땅에서 금은보화가 쏟아지거나, 부자 아버지의 재산을 상속받거나, 부잣집 배우자와 혼인을 하거나, 기업체를 설립하여 주가가 오르는 등의 예외만 있을 뿐이다. 하지만 공돈은 오래가지 못한다.

공으로 얻은 재산은 날아가지만, 애써 모은 재산은 불어난다.

- 잠언 13:11

51. 십일조 헌금은?

오늘날 교회에서 십일조 헌금만큼 논란이 뜨거운 것도 없다. 오순절파와 보수 장로교 등에서는 십일조 헌금의 의무를 강조하고, 회중교회 등에서는 십일조 무용론을 주장한다. 하지만 엄밀히 말해서 십일조는 헌금이 아니다.

교회의 입장에서는 십일조 헌금을 하면 좋고 안 해도 상관이 없다. 하나님께 드린 제사의 제물과 감사의 예물은 사실상 따로 있었다. 신정시대의 십일조는 이스라엘 백성의 세금으로서 레위인과 제사장의 생활비였다. 이른바 땅에서 나는 곡식과 채소, 우양과 같은 가축 등이었다.

또 절기 등의 축제 때 잔치를 위한 십일조와 가난한 이웃을 위한 구호품 십일조도 있었다. 이는 신정국가를 유지하기 위한 강행 규정으로 모든 백성이 지켜야 하는 의무 사항이었다. 그런데 주변 강대국의 수탈로 나라가 어렵게 되자 자연히 조세 저항이 일어나게 되었으며, 국권을 회복시키기 위한 일환으로 말라기 등의 선지자가 온전한 십일조를 강조하게 되었다.

하지만 성전을 중심으로 다스리던 신정시대가 대단원의 막을 내리고, 인자시대를 거쳐 성령시대, 곧 교회시대로 접어들면서 십일조와 제사, 제물, 예물 등의 규정은 자연스럽게 폐기되었다.

따라서 오늘날 교회의 십일조는 모세의 율법이나 아브라함의 전례,

또는 무슨 규정에 의해 바치는 헌금이나 세금이 아니다. 19세기 선교사와 지도자들이 한국 교회의 조기 정착을 위해 특별히 만든 한시적 제도로서, 믿음과 감사로 자원하여 드리는 특별 연보라고 볼 수 있다.

그로 인해 한국 개신교는 기독교 역사상 전무후무한 급성장을 이루었지만, 130년이 지난 오늘날 현실은 대형 교회의 출현과 맞물려 그 후유증이 매우 심각한 실정이다. 이른바 교회 세습과 교권주의, 성직 매매 등이 판을 치게 되었다.

그리하여 여러분은 모든 것에 풍족하여 후한 헌금을 하게 될 것이며, 우리를 통해 그 헌금이 전해질 때 많은 사람이 하나님께 감사하게 될 것입니다.

- 고린도후서 9:11

52. 의인의 가난은?

자본주의 사회에서 가난하고 깨끗한 삶은 정말 고상하고 뜻깊은 일이라고 본다. 하지만 아무나 할 수 있는 일이 아니다. 특별한 사명이 있어야 하고, 그만한 믿음이 뒷받침되어야 한다. 평범한 사람에게는 평범하게 사는 것이 오히려 나을 것이다.

의인의 적은 소유가 악인의 많은 재물보다 더 가치가 있다.

- 시편 37:16

53. 재물의 믿음은?

돈은 상호 신뢰로 유통되지만 믿음의 대상은 아니다. 주님의 나라가 임하면 즉시 사라질 물건이다. 서로 간의 신뢰만 깨어져도 금방 휴지 조각이나 쇠붙이가 된다. 이 세상의 모든 물질이 그럴 것이다.

재물은 친구를 많이 모으나 궁핍하면 친구도 떠난다.

- 잠언 19:4

54. 재산의 상속은?

물론 가능하다. 민법상 유류분(遺留分) 제도도 정당하다고 본다. 하지만 살아생전에 나눠 줄 것은 나눠 주고, 기부할 것은 기부하는 것이 좋다. 굳이 죽은 후에 법정 상속을 할 필요는 없다.

아브라함은 자기 재산을 모두 이삭에게 물려주었다.

- 창세기 25:5

55. 저축은?

가급적 나와 내 가족을 위해서는 1/3만 쓰고, 1/3은 가난한 이웃을 위해, 3/1은 주님의 영광을 위해 저축하는 것이 어떨까 싶다. 각자의 사정과 형편에 따라 슬기롭게 하면 될 것이다.

너는 지혜와 총명으로 재산을 모았으며, 네 모든 창고에 금과 은을 쌓아 놓았다.

- 에스겔 28:4

56. 주님의 멍에는?

처음에는 힘든 것처럼 보이지만 궁극적으로 참 자유와 평화와 기쁨을 가져다준다. 우리는 세상의 짐을 내려놓고 주님의 멍에를 져야 한다. 아무리 크고 무거운 짐이라도, 십자가와 같은 고생이라도, 주님의 멍에는 지기 쉽고 메기 편하다.

이 진리를 배우는 것이 세상 모든 속박으로부터 벗어나는 길이다. 독수리는 더 높이 날기 위해 역풍을 이용한다. 주님의 멍에도 믿는 자에게는 더 높이 날기 위한 독수리의 역풍과 같다. 쉬운 성공은 자신을 약하게 만들고, 역경은 자신을 더욱 강하게 만든다.

내 멍에는 메기 쉽고 내 짐은 가볍다.

- 마태복음 11:30

57. 청지기는?

모든 피조물의 소유권은 창조주 하나님께 있다. 우리는 그 관리를 위임받은 청지기일 뿐이다. 따라서 물건의 사용권과 소유권을 사고파는 매개체로서의 돈도 당연히 하나님이 주관하신다. 우리는 선한 관리자로서 충성을 다하는 청지기가 되어야 한다.

> 각자 은사를 받은 대로 하나님의 여러 가지 은혜를 맡은 선한 청지기같이 서로 봉사하라.
>
> - 베드로전서 4:10

58. 탐욕은?

탐욕과 행복은 영원히 만날 수 없는 평행선 위에 있다. 하나님은 우리의 육신을 낮추려고 영혼을 높이지만, 맘몬은 우리의 육신을 높이려고 영혼을 낮춘다. 탐욕은 육신에서 나온다. 우리는 날마다 죽어야 산다. 부활의 참 의미와 권세를 맛보려면 날마다 죽는 수밖에 없다.

죽기 싫어서 버둥대는 사람은 결코 부활의 기쁨을 누릴 수 없다. 주님은 언제 어디서나 우리의 영혼을 살리려고 애쓰시나, 사탄은 어떻게 하든지 우리의 영혼을 파괴하려고 발악한다. 이 사실을 제대로 깨달을 때, 우리는 참 신자가 되어 탐욕에서 벗어날 수 있다.

> 하나님께서는 교만한 자들을 물리치시고, 겸손한 자들에게 은혜를 주신다.
>
> - 야고보서 4:6

59. 투기는?

　적법한 절차에 따라 분명한 목적이 있으면 투자이고, 뚜렷한 목적도 없이 그냥 운에 맡기는 것은 투기이다. 투자는 법에 따라 보호를 받지만, 투기는 불법으로 보호받지 못한다. 따라서 주식과 복권, 경마 등은 합법적이긴 하지만 투기성이 농후한바, 전문가가 아니면 삼가야 한다. 화투나 도박, 파친코(Pachinko) 등은 불법성과 사행성을 동시에 가지고 있으므로 마땅히 금해야 한다.

　이 세상에서 네가 무슨 재난을 만날지 모르니, 투자할 때는 일곱이나 여덟으로 나눠서 하라.

- 전도서 11:2

60. 풍수와 수맥, 명당은?

　풍수지리는 햇빛과 통풍, 수분과 지질 등 지세와 수세에 따라 땅을 이용하는 지혜가 깃들어 있다. 아울러 과학적인 부분도 없잖아 있다. 그러므로 무턱대고 무시하거나 미신으로 치부하지 말아야 한다. 다만 신앙적으로 조심할 부분은 있다.

　요셉은 자기 아버지와 형제들을 이집트 땅에서 살게 하고, 바로가 지시한 대로 그 땅에서 가장 좋은 곳인 라암세스 지역을 그들의 소유지로 주었다.

- 창세기 47:11

편집 후기

1. 병아리 같은 자기 자식 5명을 모두 고아원에 보내고, 『에밀』이라는 책을 저술하여 '자연 예찬'을 펼친 프랑스 교육 사상가 루소(Jean Jacques Rousseau, 1712~1778)가 생각난다. 우리 중의 한 형제도 그와 같이 파란만장한 인생을 살았다.

   루소는 동시대 계몽 사상가 볼테르(Voltaire, 1694~1778)의 책망을 듣고, 가난을 핑계로 아이들을 고아원에 맡길 수밖에 없었다고 변명하였다. 하지만 그의 사후에 발간된 『참회록』을 보면 그가 볼테르의 책망을 받아들이고 진지하게 회개하였음을 알 수 있다.

   이제 『예수 재정』을 발간하면서 그리스도 예수의 교훈을 들어 착한 재정을 말하고 있다. 이 책을 쓰게 된 동기는 우리 가운데 있는 한 자매의 '오탐불'(오만·탐욕·불순종) 때문이었다.

   '그래, 주님의 재정관은 어떠하신지 어디 한번 샅샅이 살펴보자!'

2. 우리 중의 한 형제는 정말 문제투성이다. 세상에 이런 문제도 보기 드물 것이다. 어쩌면 이중인격자이거나 위선자일지도 모른다. 그는 1979년 12월에 약 3만 원의 빚을 졌으며, 40년이 지난 지금까지 빚더미에 올라앉아 허우적거리고 있다. 이렇듯 우리가 빚을 졌다면 그 해답은 하나밖에 없다. 갚아야 한다. 그러자면 돈이 있어야 한다. 그래야 빚의 짓눌림에서 벗어날 수 있다. 갚지 못하면 그 고통은 계속될 것이다.

   여기서 예수의 교훈과 성경의 말씀을 빌려 착한 재정에 대한 지혜를 살펴보았다. 우선 성령님의 감동에 따라 그대로 한번 해 보는 것이다. 그래도 정 안 되면 포기하면 된다. 사정이 어떻든 돈이 없어 진 빚은 돈이 있어야 갚을 수 있다. 말로나 글로 갚는 것이 아니다. 빚에서 벗어날 왕도는 따로 없다. 차근차근 벌어서 갚아 나갈 수밖에 없다.

그러나 주님이 긍휼히 여겨 주시면, 그 빚에서 벗어나는 데 어느 정도의 도움은 주실 것이다. 마지막까지 믿음의 끈을 놓지 말고 끝까지 기도하며 열심히 살아야 한다. 주님은 지금도 불꽃같은 눈으로 우리를 지켜보고 계신다. 그래도 영 길이 보이지 않거든, 그때 가서 포기하면 된다. 마지막 보루로 개인파산이나 개인회생, 신용회복지원 프로그램 등을 이용하라는 것이다.